鎌倉市長
竹内 謙

地球人のまちづくり

わたしの市民政治論

海象社

【目次】地球人のまちづくり

まえがき

《鎌倉はサムライの町、私はサムライ魂が大好きです。やせ我慢、足るを知る、思いやり、名を惜しむ…。欧米の人々を感嘆させた新渡戸稲造博士の名著『武士道』が出版されてから百年経ちますが、いま傷ついた地球や病んだ社会を救うのに大切なのは、この心ではないでしょうか。二十一世紀を「士魂」の世紀に。日本人がよき伝統の心を取り戻し、世界を拝金ボケから覚醒させる。そんな夢を描く年明け。今年も「愛郷無限」です》

二〇〇一年新春の賀状は「士魂」と墨書してこんな一文を添えました。武士の精神とは、新世紀の幕開けに不似合いな古めかしい言葉と思われる向きもありましょうが、私はまじめに、この言葉をこの世紀のキーワードにしたいと考えています。鎌倉市の広報紙新年号にも「サムライの町からサムライの心を世界に」と題する巻頭言を書いたほどです。

「昔はよかった」というセリフが年寄りじみて聞こえることは承知の上で、このごろそう思うことがしばしばあります。終戦から二度目の春に小学校に入学した戦後教育初期の世代ですから、私の「昔」はせいぜい半世紀ほど、戦後の貧しかった頃のことです。

父の引くリヤカーの後ろについて食糧の買い出しにいきました。陸稲や麦、野菜は庭を耕してつくりました。麦踏みや草取りの手伝いもしました。ニワトリやアヒル、ヤギも飼っていました。衣類も粗末でした。学校は教室が足りず、高校生と午前と午後を分けて使う二部制でした。教科書や文房具は兄からのお下がり。遊び道具もありませんでしたが、その代わり自然は豊富でしたから、くる日もくる日も日暮れまで山野を駆け回りました。夏は毎日のように海で泳いでいました。幼い日の思い出です。

日本はその頃の廃墟から立ち上がり、見事な経済大国に成長しました。科学技術の進歩で私たちの生活は飛躍的に便利になりました。そのことは大いに喜ぶべきですが、その一方で、悲しむべき事件ばかりが連日のように報道されるのはいったいどうしたことでしょうか。青少年や若い保護者の凶悪犯罪、小学校から大学まで拡大する学級崩壊、相手の意思を度外視するストーカー……、世紀明けも止まるどころかエスカレートするばかりです。皮肉なことに、なに不自由ない暮らし、物質的な豊かさこそが、逆に、心の荒廃、心の病理現象を引き起こす要因になっていると考えるのは、私ばかりではないでしょう。

目を世界に転じてみれば、大量の食べ残しがごみになって捨てられる日本の飽食文明の裏で、八億人が飢餓に瀕しています。先進国と途上国の貧富の差はますます拡大しています。日本だけの責任ではありませんが、二〇世紀に象徴される急速な工業化の進行は深刻な地球破壊をもたらそうとしています。地球は暖まり、自然生態系が急速に変化しています。オゾン層に穴が開き危険な紫外線が地球上に到達するようになりました。ダイオキシンや環境ホルモンのように人工の有害物質が環境中にまき散らされています。大量生産、大量消費、大量廃棄という節度を失った先進国間の経済競争の末に、母なる地球はどうなってしまうのか、心配です。

こうした世界の状況は、日本の歴史に武士が登場するまでの公家の社会と似通っているように思います。雅を尊び、栄華を極めた公家と公家への租税や労役に苦しむ農民(庶民)の対比が、豊かさを謳歌する先進国と先進国の熾烈な経済競争のしわ寄せを受けて貧困にあえぐ途上国との関係に思い至るからです。公家政治の公地公民を改める歴史的な革命を成し遂げた武士は、武力で農地を守ることが仕事でした。その生活は公家とは対照的に質素・倹約をモットーとしました。自らは粗食に耐え、心身を鍛える武道に励んだのです。

いま先進国が心掛けるべきは、この生活態度です。「人間の欲望には限りがない」(アリストテレス)ことは古今東西の人間心理でしょうが、それを異常なまでに煽りたて、ものを氾濫させた工業化文明の罪深さを考えるとき、いま必要なのは自らの欲望の抑制を心掛けた武士の心でしょう。武士は封建社会の支配階級であって、今の社会に肯定できるものではありませんが、その心掛けは今日に通用します。「足るを知る」ことこそ二一世紀に生きる地球人の理念にしなければなりません。やせ我慢してでも名(名誉)を惜しむ心意気がいま地球社会に求められているのです。

新渡戸稲造博士の英文本『BUSHIDO, THE SOUL OF JAPAN』(武士道―日本の魂)は武士という支配階級に育まれた精神が広く日本人の伝統的な心になったことを紹介し、日本人の宗教観をいぶかる欧米の人々を痛く感動させました。「武士道」はその後、軍国主義政治に利用された不幸はありましたが、いままた国内外で脚光を浴びています。それは地球の窮状や社会の病理を救う心と相通じるからに違いありません。

【愛郷無限—篇】

市民主義の変革

小さな一歩こそが創造の力

ハイデルベルクと鎌倉からの環境自治体報告

ハイデルベルク(ドイツ)は中世の街を彷彿とさせる世界屈指の美観都市だ。日本の観光客も大勢訪れ、とくに若い女性には人気がある。鎌倉も中世の街並みを基調に歴史的遺産や自然環境に富んでいることから内外からの訪問者に親しんでもらっている。そんな共通点があること以上に私がハイデルベルクに強い関心を抱いているのは、私の目指す「環境自治体」のもっとも先進的な都市の一つであることだ。ハイデルベルクのベアーテ・ヴェーバー市長を鎌倉に迎えて、このほど(註:一九九五年九月八日)、環境自治体を考える懇談会が開かれた。主催したのは、環境問題に取り組んでいる新聞、テレビ、雑誌、フリーランスの記者らで組織する「環境ジャーナリストの会」(岡島成行会長=読売新聞)。その懇談会からハイデルベルクと鎌倉の企てを報告しよう。

懇談会ではまず、私とヴェーバー市長による「核廃絶を目指す共同声明」を発表した。その内容は次の通りだ。

《私たちは一九九五年九月八日、鎌倉において、「環境自治体の創造」をテーマに討論の場をもった。それは地球規模の諸問題を視野に、地域から行動する都市を市民とともにつくり上げようとする地球市民としての新たな挑戦である。折しも、この会合の二日前、フランスは南太平洋ムルロア環礁で核実験を強行した。環境自治体を目指す私たちは人類の母なる地球を破壊に導きかねないこの暴挙を容認することはできない。核保有国は冷戦時代の亡霊である核抑止論を捨て、核を廃絶すべきことはいうまでもない。

私たちは地球市民として国境を越えて手を結び、平和で、安全で、公平で、快適な国際社会をつくり上げるために、市民とともに努力することを誓う》

この朝、ヴェーバーさんと話し合って急遽まとめることにした。このことについて、ヴェーバーさんは懇談会の中で、次のように語った。

「フランスの核実験再開は誠に悲しいタイミングです。ひどい、本当にまったく無意味なことが行われている中にあって、環境を大事にしようと思っている人たちが地球規模で、ともに戦っていこうという会議を開いていることは非常に意味のあるタイミングだったといえましょう。竹内市長から共同声明を発表しようといわれたとき、私は大変うれしく思いました。なぜなら、ごく最近、わが市議会(註：ハイデルベルク市長は市議会の議長を兼務)においいても満場一致でフランスの核実験に反対しようという決議を採択したからです」

決議の文脈からも環境自治体がなにを目指そうとしているのか、大まかなイメージは掴んでいただけると思うが、一九九二年の地球サミットもそうだったように、国連がなかなか解決策を見いだし得ない地球規模の諸問題に対して、地方政府から積極的なアプローチを取ろうとする挑戦であり、「地球規模で考え、地域から行動しよう」という有名な標語を率先して実践する地域からの運動といってもよい。

もっと具体的にいえば、私は環境自治体を「政策の全分野に環境への配慮がなされている地方政府」と定義している。これまで社会の発展を計る指標(ものさし)は、とかく、経済的な価値に偏重してきた。国境を越えて、さらには地球規模で多くの問題が生じてきた今日、自分の回りの経済的な利益だけを求める発想を捨て、経済計算に入らない価値、つまり環境や資源、人の健康や安全性、快適性といった点まで含めて、総合的な価値を追求して行かなければ、これからの社会発展はありえない。経済至上主義から総合的な価値を追求する環境主義への転換の流れを、地域からの実践でつくり上げて行くのが「環境自治体」と考えている。

環境自治体を創造するには三つの大切な心得がある。第一は、環境を一つの分野の政策ととらえることは誤りで、政策の全分野にわたる普遍的な概念として環境主義を貫くこと。

二つ目は、実際に地域で多くの市民が実践しなければ成果は上がらないのだから、徹底した市民参画のもとに行動計画を作成すること。そして三つ目は、地球規模の問題を理解するために、国際的な市民の協力・連帯の意識をもつことだろう。

じつは、懇談会の議論を通じて、私は大変うれしことを発見した。こうした点でヴェーバー市長の考えとほどんど一致していたことだ。これまで五年近くの市長経験のなかで、ハイデルベルクを環境自治体に変えてきたヴェーバー市長の話は、具体的な事例に基づいていて、環境自治体のイメージを一層明確にしてくれるので、少し長くなるが紹介する。そして私の鎌倉報告を付け加えることにしたい。

【ハイデルベルク市長の基調講演（要旨）】

市長が女性であることにビックリされましたか。ドイツにだって女性市長は二〇人ほどしかいません。それよりも大事なことは、私は環境論者として初めての市長だということです。有権者は後になって、このことに気付いてびっくりしました。私は市長になる前も政治家で、欧州議会の議員で、環境委員会の委員をしていました。市長になって国際的な視野を地方行政の場へ持ち込もうとしているのです。

環境ということを考えるうえで、絶対に忘れてはならない原理があります。環境は、地方、国、どのレベルであれ、あらゆる政策、あらゆる分野につながってくる問題だという認識です。もし環境が、環境部、環境局だけで取り扱っていることになると、結局、環境そのものが失われてしまいます。

二番目の原理は、(環境破壊の)因果関係がはっきり分かっていないなかでどんなに子細でも、子細なステップそのものが重要なのだということです。例えば、気候変動、土壌汚染、海洋汚染をよくよく考えてみてください。われわれが考えるステップは、解決策のほんの一%しか占めていないかも知れません。環境保護に反対する人たちに、これを説得するのはとても難しいことです。彼らからは「そんな小さなことなどやっても無駄だ。大したことはできないよ。もし解決策の五〇%を占めるものならやってもよいが」と言われてしまいます。しかし、環境保護のうえではどうしても、この原理が非常に大事です。すべての人が関わる小さなことを大事にし、その重要性を説得していくことが決め手なのです。

そういう前提条件をお話ししたうえで、どうしたらいいのか手続きの話をします。第一に大事な手続きは、どの状況から出発するのかというスタート時点での状況分析をしっかりやることです。実際はしないことが非常に多いのです。後になって改善がないといわれるのが怖いのです。時間が無いということも、やらない理由に使われます。とくに、政治家というのは次回の選挙までの時間が限られているということから、やりたがらない。そこで、この壁を破るためには、あらゆるものを利用する必要があります。国でも、市でも、環境団体でも、持っているありとあらゆる科学的知見をできるだけ集めて、それをベースにすることが大事でしょう。

次の手続きは、状況を改善するために、どういう措置があり得るのか、あらゆるものを全部リストにして書き出す作業です。どの措置が一番効果が上がるか、実現可能性があるのか、それに優先順位をつけて、キチッと認識することです。市民は、何をやったかを知りたがるもので、市民を説得するうえで、この点は非常に重要です。また、政治的団体の決定は、とかく「立派な文章が書けて良かった」というだけで、後は棚ざらしになってしまいます。もう皆忘れて三年ぐらいたって、「そういえば何かの計画があった」ということで出してみると、実行するには遅すぎるということがよくあるものです。だからリストを作って、優先順位をつけることは大変に有用です。このことは州の環境大臣をしている私の友人から学んだことです。

リストがあれば、どれとどれをやったかがわかる。うまくいかなかった時には、何故かということもわかります。人材を投入しなかったのか、財源がなかったのか、あるいは一般大衆を巻き込んだ充分なサポートがなかったのか、議論がなかったのか、リストによって、自分自身も、他人もコントロールすることができます。一年ごとに反省し別の取り組み方をすれば、新たな、そして以前に比べてより大きなステップになるはずです。私は、理論をいっているのではありません。私たちは、毎年市議会に報告書を提出しています。CO_2削減について二回目の報告を今春出しました。

第三の手続きは、市民の参加。市民が環境問題に自ら関わることが必要だと確信を持ってくれることです。

そのためには市民が情報を持っていなければなりません。市民が勉強することができるような情報をできるだけ市の方から提供して、市民の人たちがもっている基礎的な知識を高めるようにします。場合によっては、環境問題コンサルタントの人たちに手伝ってもらって知識の啓蒙に当たります。やはり市民というのは、行政当局の情報は信じないということはあるので、コンサルタントの経費をお互いに持ち合うということもやっています。

一つの事例を申し上げたいと思います。ドイツは、これまで有害廃棄物をアフリカに輸出していたという本当に恥ずべき歴史がありますが、この廃棄物問題に関しても、今までの説明と同じやり方で臨んでいます。まず、リサイクルすることができないような焼却廃棄物については、九一～九四年までの三年半の間に、三万四〇〇〇トンから二万一〇〇〇トンまで減らすことに成功しました。次に、リサイクルする方の廃棄物は増やすことに成功しています。ガラスは、三・八トンから四・五トンへ。紙も、農業で採用できるゴミも二倍に増えています。それから、家庭から出てくる危険廃棄物は五二トンから二五〇トンに。こういう風に、きちっと変化が生まれていることを示すことです。情報の提供やコンサルタントの活用などいろいろな方法を駆使して、個々の家庭や企業に対して、変化をきたすことは可能です。ゴミ以外にも、エネルギーや水をできるだけ使わないようにホテル、レストラン、観光地と共同の運動を展開しています。

鎌倉にきてから、大仏、寺院、美しい町並みなど、興味深い観光資源を見せていただきました。そして道路が狭く、沢山の観光客が押し寄せてくるなど、私の街と全く同じ問題を抱えていると思いました。どのような国であれ、地域、地方、人であれ、それぞれの解決策というものを持っていますが、お互いにそれを学び合うということはとても大事なことです。究極的には地球全体の環境を守るために何をしなければならないか、というところまでもっていかねばなりません。ベルリンの会議で竹内市長にお会いし、皆様のところにきて一緒に話をしたいと思い、ここにきたわけです。

【鎌倉市長の基調講演（要旨）】

私は二年前に初当選した新米市長ですが、選挙公約に「地球を思い、地域から行動する環境自治体の創造」を掲げました。おそらく日本の選挙でこんな公約は、私がはじめてだろうと思います。「選挙は経済」、環境は票にならないというのが選挙の相場感だからです。幸い私が選ばれたということは、鎌倉市民は日本の中でも相当先進的な意識の持ち主であることを実証したともいえましょう。

この二年間、私は公約実現に取り組んできましたが、いまの状況を客観的にいえば「まだ基礎工事中」の段階です。環境自治体といっても、まず、市職員がなんのことだかわからない。市議会でも繰り返し質問を受けました。それでも理解は着実に進んできました。いま、職員はもとより、市議会、市民総ぐるみで、九六年からスタートする新しい市の総合計画を策定中ですが、この基本理念は「市民自治の確立」「人間性豊かな地域づくり」と、「環境自治体の創造」になりました。つまり、「環境自治体の創造」は正式認知に漕ぎ着けたのです。

「基礎工事中」をもう少し詳しくいえば、九四年一二月に環境基本条例を制定し、これに基づいて環境基本計画を策定しています。これは地球サミットで採択されたアジェンダ21にいう「ローカルアジェンダ」の鎌倉版です。この夏、「中間とりまとめ」ができたところです。総合計画を環境主義という横糸でつないだのが「環境基本計画」ということもできましょう。策定に当たる審議会には市民からの公募委員が参加、市民参画の方式としてワークショップも取り入れました。

「中間とりまとめ」には具体的な目標をいくつか掲げています。地球温暖化防止については「二〇〇五年までにCO_2の二〇%削減」を掲げました。これをどうやって実現するか、その対策編の作成はこれからの作業になりますが、この目標数値は、対策を積み上げて計算したのではなく、温暖化の進行からみて少なくともこのぐらいは削減しなければならないという必要性から、「先に目標を掲げる方式」をとりました。いわば、このぐらいはみんなでやろうという「鎌倉市民の気合」みたいなものです。今年三月、ベルリンで開かれた気候変動に関する世界自治体サミットが採択したコミュニケの数値と同じです。

環境自治体を創造するためには、三つのエコが必要と考えます。市役所職員の意識が環境主義に転換する「エコオフィス」、市民の多くが環境主義を実践する「エコシチズン」、都市構造が環境主義になる「エコシティ」です。なかでも、まず、市役所のエコオフィス化が重要であり、今年四月から本格的なエコオフィス化推進運動に取り掛かりました。例えば、市役所から出る紙ゴミは、四月には昨年同月比二〇%削減、五月には三〇%削減の結果がでました。電気、ガス、水道使用量も、これまでの増加傾向を止めました。やればできる。「CO_2の二〇%削減」もきっと可能だと思います。

ワイツゼッカー・前ドイツ大統領は先の来日講演で、「戦後五〇年、われわれが歴史から学ぶべきは、軍事国家になることではなく、『新たな危険』に対処する非軍事国家としての連帯だ」との見解を示しました。貧困、難民、人権抑圧、地球環境破壊など、ワイツゼッカー氏のいう「新たな危険」にわれわれはどう対処するのか。私は「環境自治体」こそ、われわれ現代に生きる者に与えられたこの大きな課題に対するもっともよい答えだと確信します。「環境自治体の創造」を通じて、これからの経済、社会、政治の目指すべき道を切り開きたいと思います。

ハイデルベルクと鎌倉の環境自治体づくりを素材にした論議は、環境教育、環境経済、市民参画など多岐にわたった。ジャーナリストや環境保護団体(NGO)など参加者がもっとも強い関心を寄せたことは、ハイデルベルク市が策定した地球温暖化防止の都市行動計画。エネルギー利用と交通機関の見直しによって「二〇〇五年までにCO_2を三〇%削減する」という計画内容も画期的だが、そのこと以上に議論が集中したのは、市民との会合を七〇回も重ねたという計画決定に至る市民参画のプロセスが驚異的なこと、ヨーロッパのような個人主義の発達している国でライフスタイルの変更を強制しかねないエネルギー使用の削減をどう説得したのか、環境税など経済的手法を地方政府から取り入れることはできないのか、などの点だった。ヴェーバー市長の説明はじつに明快で、「民主主義の勝利」などと次のように語った。

自主的な市民参画　どこでも経済的な問題を取り扱おうとすると、利害関係者がでてくる。交通の問題でも、自転車に乗る人と商売で自動車を使う人とそれぞれが意見を持っていて、お互いに相手のいっていることは「馬鹿げたこと」と聞く耳を持たない。この状況打破のために私はコンセンサス・モデルを導入した。お互いに絶対に相いれない問題がいくつぐらいあるかを子細に検討してみると、ほとんどはコンセンサスや妥協が可能であり、議会で表決しなければならないのは七〜八%であることがわかる。お互いの意見を尊重して話し合うことが一番大事だと思う。

温暖化防止行動計画で七〇回の会合をやったことは民主主義へのチャレンジだと思っているが、これはわれわれ(市当局)がやろうといってやったことではなく、市民が勝手にやった。われわれはあくまで参加者の一人であった。時には、市当局は対極者として受け入れられず、仲介者を介して参加したこともあるぐらいだ。こうしたプロセスはまさに民主主義の勝利だと思う。

倒錯した生活の質　部屋の温度が冷え過ぎたとき、機械で温度を上げる。これを生活の質と考える人がいるが、これは二重に無駄である。カーディガンを着るか脱ぐかで温度差二度の調整はできる。テレビの遠隔スイッチで、テレビのところまで五、六歩、歩かないことが生活の質の向上だろうか。これだけでスイスの発電所一基分の電力を消費する。本当に間違っている。世界の人口の八割は電話を使っていないなかで、生活の質とはなにか、もう少し真剣に考える必要がある。

地方の経済的手法　われわれは経済原則ということをよくいう。経済原則とは、なるべく資本金には手をつけずに金をもうけようということだ。私は自然に対しても経済原則を適用すべきではないかと考える。われわれは自然という資本を食いつぶしながら、なんの補填もせずに、水、大気、土壌の状況を悪化させている。自然という原材料、つまり環境に対する税を上げて、労働に対する税を軽減することで、自然への負担はずっと少なくなる。

エコノミストの九十数%は環境経済を頭に入れていない。これはとても深刻なことだ。ドイツではいま、失業という社会的コストが生まれているが、環境破壊という経済的コストはそれどころではない。GDP（国民総生産）の約七〇%に相当する。このまま環境破壊が続くとそのコストは到底手の届かない膨大なものになる。ロイズなど再保険会社は、予防的な措置を講じなければ、事業が成り立たなくなるという危機的な意識をもって、気候変動会議に参加している。

地方自治体は税制の面で影響力を行使する余地は低いが、料金、手数料は可能性がある。ハイデルベルクでは、ごみ処理料金は非常に高く設定してある。ただし、ごみを分別して出す家庭には思い切り安く、元料金の二五％にまで下げた。ごみ削減ができたのもこの料金制度によるところが大きく、一種の環境税とみることができる。

ヴェーバー市長の話でもう一つの興味を引いたのは、「学生がいなければ、私は選ばれなかった」という言葉だ。人口一四万人のハイデルベルクには三万人の学生がいる。文化、社会、交通、環境、あらゆる政策が学生と密接に関連しており、市議会にも学生代表を送っている。若者の政治への関心が元気な市政の背景にあるように感じた。

（一九九五年九月　ベアーテ・ヴェーバーさんと連名で『世界』に発表）

記者クラブなんかいらない

公務で張り詰めた日々を過ごしているせいだろうか、このごろ、古巣の仲間たちとの団らんの機会に出くわすと、ついつい饒舌になる癖がある。昨秋（註：一九九五年）開かれた朝日新聞政治部のＯＢ会に出席した折には、かつての怖い先輩や一緒に苦労した同僚たちを前に、日頃抱いている新聞への不満が口を衝いて出てしまった。ちょっと長くなって恐縮だが、その趣旨は次のようなことだ。

「長年にわたる先輩、同僚の皆さま方の薫陶のお陰で、私は極めて元気に公務に取り組んでいます。せっかくの機会なので、日頃感じていることを少しいわせてもらうと、率直にいって、この頃の『朝日新聞』は元気がなさ過ぎるように思います。政治ばかりでなく、一流といわれた経済も疲弊し、社会も大きな混乱をみせています。明治維新、戦後に次ぐ大きな変革を求められている時代にもかかわらず、その先頭に立って論陣を張るべき『朝日新聞』までが一緒になって元気をなくしているように思えるのです。

鎌倉市政はあらゆる施策を経済主義から環境主義に転換する『環境自治体の創造』を基本理念に定めました。この環境改革を基本に、情報公開、市民参画、市職員の意識変革、公共事業の新発注方式など、いろいろな改革を進めてきました。役所がこれまでの仕事を改めるには、職員の間で議論を起こし、計画をつくり、議会や市民の理解を得て、予算化し、ようやく実行できるようになるのですから、大変な労力と時間がかかります。

新聞の仕事は、考えて、調べて、書けばよいのですから、役所に比べればずっと簡単です。それだけにもっともっと改革へ向けて積極的な言論が展開されていいはずなのですが、『朝日新聞』の書いていることをみると、鎌倉市がやっていることより遅れていたりするので、がっかりしています。元気を出さないといけないと思います」

「官報」のような紙面

古巣の会合という気安さに甘えて好き勝手をいわせてもらったことを謝して挨拶を終えたが、もとより、ここで私が言わんとする新聞の元気のなさは、『朝日新聞』に限ったことではない。マスコミ界全体に共通している。だからこそ深刻なのだ。

「元気のなさ」とは何か。私はジャーナリズムの持ち味は判官贔屓にあると思っている。非情な運命を辿る源義経に対して日本人が共通してもつ情と同じように、社会的に弱い立場にある人たちに少しでも味方しようとする心意気がなければ、ジャーナリズムとはいえまい。残念なことに、紙面からそんな心意気が感じられない。それが私のいう元気のなさだ。

日々のマスコミの紙面をみてうんざりさせられるのは、まるで「官報」ではないのかと疑いたくなるほどの官製情報の氾濫だ。「××省は」「××庁は」と中央省庁の広報紙のような記事が幅をきかせているうえに、他の記事も多くが「官」の価値観に寄り掛かり過ぎている。官批判のような体裁の記事もあるが、当面する事態に対して相対立する関係者や学識経験者の見解を紹介している程度で、ことの本質に迫ろうという掘り下げがないから、所詮は官の設定する議論の土俵に乗った記事にとどまってしまう。「足して二で割る国対(国会対策)政治」が得意技といわれた故金丸信・元自民党副総裁の政治手法に似て、「足して二で割る型の記事」といってもいい。

何がニュースで、どんな切り口から、どんな材料使って、どう報じるかは、本来、新聞社や記者が独自の価値観に基づいて判断すべきことだ。そのもっとも大事なことを軽んじて、判官贔屓どころか、基礎知識や公開情報から果てはニュース価値まで、役所に聞いて書いている記事が多すぎる。そこに新聞の衰弱がある。どの新聞も同じとよくいわれるように記事に独自色がないのも、官への寄り掛かりに原因がある。

故田中角栄・元首相が失脚した田中金脈スキャンダル以来ここ二〇年余り、政治は裂けた管から漏れ出す汚水のように、腐敗構造を次から次へと露呈してきた。その度に政治改革が叫ばれ国会論議の最重要課題に位置付けられてきたが、結局は為す術を見いだしえなかった。いつもその場を取り繕う弥縫策に終始し、むしろ国民の政治離れ、政治不信を増幅する結果を招いた。

日本は政治がだめでも官僚がしっかりしているから大丈夫とする説がかつてはあったが、残念ながら、これも神話の域を出なかった。昨今の住宅金融専門会社の問題における大蔵官僚、エイズ問題に対する厚生官僚がそのことを端的に物語っている。政治に加えて、行政に対する信用も地に落ちている。「三流」の政治との対比で「一流」といわれた経済も、土地を投機の材料に膨らんだあぶくであった。あぶくが弾けてみると、機関車たる金融機関までが経営破綻に陥ってしまった。

政界、官界、経済界の癒着構造がもたらしたバブル経済の共倒れ状況のなかで、さらに心配な事態は、民意を代弁すべきマスコミまでがこの構造に飲み込まれてしまっていることだ。いつの時代も社会の閉塞を変える「変革」は、下が上を、民意が権威を突き崩すことによって成し遂げられてきた。民主主義が定着したこの世紀の世紀末状況を打開するには、マスコミの役割が大きい。マスコミが自らの足で立ち自ら生きる本来の姿を取り戻さなければ、この国はこのまま衰退の道を転げ落ちて行く以外にない。

政・官・財の癒着構造のなかにマスコミが組み込まれてしまったことが、今日の社会的な疲弊状況を生み出していると考えるのは私一人ではないはずだ。なぜ、こんなことになったのか。新聞記者を長年してきた自らの反省も込めていえば、その一因は記者クラブ制度にあると思う。特定の記者(日本新聞協会加盟社)だけで構成する閉鎖的な組織であり、役所から提供を受けた記者室を本拠に、役所からのレクチャーを記事の主たる材料にしていることが、どうしても役所に寄り掛かりがちな体質を生んできたことは否めない。

記者クラブの効用について「各社の記者が協同して公権力を監視する役割を果たしてきた」との評価説があるが、私はそうは思わない。記者クラブという集団主義が、「みんなで渡れば怖くない」という意識を肥大化させるあまり、もっとも大切な記者一人ひとりがもつべき関心を殺ぐ弊害をもたらしてきた。横並び主義が横行して、他社の記者が動いていることに異常な関心を示し、逆に他社の記者が動いていないことには安心をしている没個性の記者を生みだしている。その結果が結局は、役所の漏らす情報に右往左往することになり、記者クラブ全体が役所の情報コントロール下に入ってしまっている。

記者クラブに所属する各社の記者同士が競争しているつもりでも、それは役所の舞台の上で踊らされている官製情報の奪い合いにとどまっている。その情報が社会全体から見ると、どんな舞台に位置づけられるのかを見極めなければ、それは単なる役所のマウスピースに過ぎない。この弊害の方がはるかに大きいし、そのことに気づかない記者がいることが、記者クラブ制度の悲劇を象徴している。

記者たちの不満

鎌倉市は新年度から「広報メディアセンター」を開設した。多くのマスコミ関係者から「記者クラブ改革」と評価を受けた。正直いって私自身はその反響の大きさに驚いているが、メディアセンターの論理はごく簡単なことだ。要点を記せば、次の三項目にまとめることができる。

(1)記者クラブは記者の親睦団体であって取材機関ではないという原則に配意し、記者クラブに役所の部屋を提供することはやめる。

(2)メディアセンターは、新聞、テレビ、ラジオ、雑誌、専門・地域・外国誌紙など希望するすべての一般報道機関の記者が使える作業の場とする。同時に、市民が自由に報道機関の記者に情報提供することができる連絡の場とする。

(3)市は取材・報道の自由を尊重し、市民の知る権利にこたえるべく情報提供に積極的に取り組む。同時に、市民からの依頼があった場合には、記者への資料配布、連絡などの便

大きく分けて三通りある。マスコミ報道について宜を図る。

鎌倉市の「広報メディアセンター」に対する反応は、大きく分けて三通りある。

第一は、積極的な賛成論で、これが圧倒的に多い。その代表は、マスコミ報道について指導的な立場にある人たちの意見で、原寿雄・元共同通信編集主幹の「画期的改革の導火線」(朝日新聞・談話)、青木彰・東京情報大学教授(元産経新聞編集局長)の「取材新時代の幕開け」(東京新聞・メディア評論)、西山武典・元共同通信編集主幹の「鎌倉市役所の実験」(Ｋｙｏｄｏ Ｗｅｅｋｌｙ・メディア時評)、筑紫哲也・ニュースキャスターの「鎌倉市長の〝蟻の一穴〟を支持する」(週刊金曜日)などを挙げることができる。「『記者クラブ』廃止を提案した鎌倉市長」(週刊新潮)、「元『朝日記者』鎌倉市長が下した『記者クラブ廃止』の英断」(週刊文春)、「記者クラブ制度が崩れる――新聞ＯＢの鎌倉市長のクラブ改革に怯える大新聞」(週刊現代)、「私を記者クラブ改革に駆り立てた原点は記者時代に受けた立花レポートの衝撃」(週刊ポスト)、「鎌倉市長の提言『記者クラブ』の見直し」(放送文化)なども、この立場からの記事だった。

第二の反応は、マスコミ各社は沈黙気味なこと。その見解もあいまいだ。マスコミ各社で構成する財団法人日本新聞協会も、各社編集局長で組織する編集委員会が鎌倉市メディアセンターの内容について報告を聞いたが、記者クラブ問題を改めて協議するための小委員会を設置することを決めただけで、いまのところは無言のままだ。各社の見解もはっきりしないが、『朝日新聞』が二月末に報じたメディアセンターに対する報道各社の見解を読むと、センターが記者クラブ加盟社以外にも開放されることについては「異論はない」としながら、「参加メディアや情報提供者が選別されかねない」との懸念をあげている。私はこうした懸念は起こりえないことを繰り返し説明してきたのだが、それにしても不可解なのは、これらの懸念を理由にして、「記者クラブの要請」「記者クラブへの資料提供」などと、相も変わらず記者クラブを取材機関とする立場に固執していることだ。

第三は、現場の記者クラブ(鎌倉記者会＝朝日、毎日、読売、東京、神奈川各新聞とNHKの六社加盟)に所属する記者たちにはかなりの不満があることだ。第二のマスコミ各社の対応と同じように、総論に反対はないらしいのだが、「公共団体によるメディアの選別」「情報操作の危険性がある」などと、私にはとても理解のできない懸念をあげて、メディアセンターの利用登録を保留している。

記者たちの抱いている不満が奈辺にあるのか、市側と記者クラブの話し合いの様子を紹介すると、より一層、記者クラブが抱える問題点がはっきりするので、経過を追って詳しく検証してみることにするが、その前に、私がマスコミ側の対応を根本的に理解できない理由を説明しておきたい。それは鎌倉市のメディアセンターは日本新聞協会が長年唱え続けてきた記者クラブに関する見解に全面的に沿うものであるということだ。

日本新聞協会は戦後の一九四九年以来、記者クラブに関する方針を定めてきた。何回かの改正が加えられ、いまは「記者クラブに関する日本新聞協会編集委員会の見解と解説」(一九七八年最終改定)という文書にまとめられている。その要点を箇条書きにすれば、次の通りだ。

(1)記者クラブの目的は記者の相互啓発と親睦をはかることにあり、取材活動に関与すべきではない。(2)記者クラブは取材活動の円滑化をはかるため若干の調整的役割を果たせるが、日常の各社の取材活動にはいっさい関与しない。(3)各社間協定以外の出先だけでの協定は認めない。(4)取材源である各公共機関は、記者クラブの加盟いかんにかかわらず、あらゆるメディアの記者に対して正確な情報を提供する責務がある。一方、記者クラブは、クラブ加盟社以外の報道機関の取材に影響力を行使する立場にない。(5)同行取材はできるだけ自粛する。クラブ加盟社以外からの同行希望はできるだけ認める。(6)外国記者の加入を認める。(7)公共機関が記者室に什器、備品、電話などを備えて取材・送稿の便宜をはかっているのは、公共機関を取材する記者の活動に対するもので、組織としての記者クラブは特別の便宜供与を受けてはならない。

この見解は、これまで触れていなかった記者クラブと取材源の関係、取材源の責務についての考え方にもはじめて踏み込んだ。そして、その前文では、全国の記者クラブに対してばかりでなく、取材源たる公共機関に対しても「これが尊重されることを強く要請する」と呼びかけた。

でありながら、鎌倉市が見解に沿った広報メディアセンターを開設したら、当の新聞協会加盟社がついてこられないというのではなんとも困ったことだ。こんなことでは、言論にもっとも責任をもつべきマスコミ各社の編集幹部が取り決めた見解がただ単なる「お題目」だったことになってしまう。それは残念なことであり、ぜひマスコミ側も前向きに取り組んでほしい。

「管理」「選別」は筋違い

メディアセンター開設の経緯に触れれば、私が役所の中で言い出したことがきっかけで、約一年間の検討期間を経て今年一月初旬の記者会見で明らかにした。この時は口頭での説明だったが、二月初めには「広報メディアセンターの開設について」と題するメモをつくり、さらに三月末までの間に二回、いずれも記者クラブ側の求めにこたえる追加的なメモ「広報メディアセンターの運用について」、「鎌倉市広報メディアセンターの設置及び運営要領」を示して、私と記者クラブとの意見交換を三回もった。個別的に記者と懇談する機会も何度となくあった。私ばかりでなく担当の部課長も各社の記者の質問に繰り返しこたえてきた。記者クラブ側の意見を取り入れて当初のメモを修正した箇所もある。

話し合いを通じて出された意見は記者によってそれぞれ多様だが、しばしば各社の新聞紙面に踊った文字は、「市による情報管理」と「メディアの選別」だった。

記者が懸念する「管理」「選別」の根拠の一つは、メディアセンターの登録制度にあるらしい。しかし、これは庁舎やセンターの安全を確保するうえでやむを得ない。これまでのように、ごく限られた記者クラブの記者だけに部屋を提供するのではなく、広くメディアの記者すべてに開放するのだから、使う人の名前を登録してもらわなければ、安全は保てない。混乱すれば仕事をする記者にとっても迷惑になる。常時利用する人、随時利用する人、臨時的に利用する人、それぞれに便利なようにパスを発行することにしたが、こんなことは庁舎管理上の都合から、国会、各省庁、民間会社、当のマスコミ各社でも、ごく普通に行われている。「市による情報管理」などとは、全くの筋違いな議論だ。メディアの記者で、希望する人はだれでも登録できるのだから「選別」にも当たらない。

登録制度などを定めたセンター運営要領の中に「市長は、登録申込書の提出、利用受付簿の記載があったときは、その内容を審査し、利用証を交付する」「市長は、センターにおける秩序を乱す等の管理上支障があると認めるときは、利用を制限することができる」という規程があり、これに噛み付いた記事もあった。「審査し」は、ただ申込書を出しただけでだれも職員が見ていない状態でのトラブルを避けるための役所の工夫だったが、記者側の誤解をさけるため「確認し」に改めた。利用制限も庁舎管理上は当然のことだが、あえて規定を設ける必要もないと判断して削除した。記者クラブとの意見交換の中で、私はその修正・削除を約束していたが、記事は古い文書を取り上げていた。

「行政の都合のよい情報だけを意図的に流す情報操作が行われる心配はないか」ということもいっている。「そのようなことはない」と繰り返し表明しているが、記者が抱くこうした疑念も長年の記者クラブ制度に慣れ親しんできたがための記者の弛緩だと私は思う。いまの記者クラブこそが役所のコントロールを受けていること、そのことに気づかない記者の悲劇性についてはすでに述べたが、私は自由な取材、自由な報道の気風を取り戻すことこそが大切だと思う。

その場合の「取材する」側と「取材される」側の関係は、個人と個人の信頼関係が基本になって成立する。記者クラブと役所という人格の不鮮明な団体同士の関係では決してない。メディアセンターも公共団体の立場からできるだけ、その原則論をはっきりさせようとしたものだ。

メディアセンターを利用する、しないのいかんにかかわらず、メディア記者の取材にはできる限りこたえる姿勢を明らかにしている。メディアセンター開設に当たって、市役所職員にも「鎌倉市が目指す市民に開かれた市政を追求して行くうえで、自由な取材・報道こそが大切であり、記者の取材には積極的に対応するように」と指示した。単独インタビューはもとより、合同記者会見も、記者個人(もちろん複数でもよい)からの申し入れがあれば、時間の許す限りこたえることにした。

「情報操作されるのではないか」などとは誠に情けない懸念だ。鎌倉市では公文書公開条例に基づいて公開すべき情報はすべて公開している。記者は市の発表のいかんにかかわらず、自分が追求すべきテーマを自由に取材すればいい。

メディアセンターをめぐる議論の中で、クラブ記者の中からは「広報体制の強化、行政情報の提供、便宜供与、などの表現があるが、市は恩恵で情報を与えていると受け取られる。行政の思い上がりも甚だしい。もっと記者にアクセスして情報を知らせるべきだ」といった発言もあった。市は市民に知らせるべきと判断する情報については「メディアに報道してほしい」という気持ちから進んで発表をしている。でも、それをどう報道するかは記者の判断だ。それだけのことで、それ以上でも、それ以下でもない。「恩恵」などとは脳裏に浮かんだこともない。逆に「もっと記者にアクセスして情報を知らせるべきだ」という言葉の中に、記者室にいれば、役所が記事になる情報をもってきてくれるとでもいう思い違いがあるとすれば、これも長年の記者クラブ制度に安住してきたマスコミの堕落だろう。

「選別」の議論に関してはもう一つ、センターを利用できるメディアの範囲として「企業の広報紙、宗教団体の機関紙、政党機関紙は除く」とした点に対する疑念を示す記者がいる。この点は共産党も市議会で『赤旗』記者を排除すべきでないと執拗に主張した。

私は違うと思う。企業や宗教団体、政党は、国民の知る権利にこたえて不特定多数の人々に情報を伝達する一般の報道機関とは違って、自らの企業活動、自らの宗教活動、自らの政治活動のために新聞をもっている。本来の目的を別にもっているメディアである。これは分けて考えた方がよいというのが私の考えだ。

共産党は私あてに、「政党機関紙も取材の自由を保障すること」などの申し入れをしたが、そのこととは別に、私が情けないと思ったのは、一般紙がこの申し入れを報道していたことだ。ほんとうに企業や宗教団体、政党の機関紙と一緒に仕事をし、記者会見することがいいと思っているのだろうか。自分たちのことである。自分たちの考えを自分たちの言葉で新聞に書けばよいのに、そこはっきりさせずに、政党の申し入れを材料にするのは、いかにも主体性がない。

「選別」に関しては、さらに基本的な問題を指摘しなければならない。それはこれまで記者クラブこそが日本新聞協会加盟者以外の記者を排除する「選別」を行ってきたのではないかという点だ。その枠を広げて「開かれた記者室」にしようというのが鎌倉市の広報メディアセンターの趣旨であり、自分たちのことを棚に上げた「選別」などという言葉は、そっくりそのままお返しをしたい。

もう一つ、市民団体が「行政介入の懸念も」と反対しているかのような印象の記事が出た。最初のメモである「広報メディアセンターの開設について」の中に、「市民等から記者会見設定の要望があるときは、広報課が連絡や会見場所の提供など便宜を図ります」という表現があった。これは市としてなるべく市民の使いやすいメディアセンターにしたいという思いからの市民のお手伝いを定めたつもりだったが、記者の中から「市民の情報提供に行政が介入する恐れがある」という懸念が出たので、その後、市民のメディアセンターへの通行や記者会見には広報課はいっさい関与しないことを明確にした。

これまでの記者クラブには、広報課の職員が一人常駐して、不在の記者にかかる電話の取り次ぎや連絡など雑務の世話をしていたが、メディアセンターになったらクラブ記者は「広報課と部屋の入口が一緒なのは、市民の情報提供に対する行政介入の意図。自由な取材を保障するため広報課とは独立したスペースを」などと言い出すのだから、なんとも話は一貫しない。市としては、市民から依頼があった場合に限って、メディアへの資料配布などの便宜を図ることにした。そうしなければ現実の問題として市民が困ることになる。

クラブ記者にとってはこれまで特権的に使ってきた部屋を他の記者にも開放されるのだから不快な思いもあるだろう。「クソもミソも一緒にするのか」といった言葉も飛んだ。自分がミソだと思っているのも長年の記者クラブという「井の中」にいた「蛙」のような思い上がりだろう。メディアセンターの論議を通じて私が強く印象づけられたことは、普段は新聞に社会の木鐸のように記事を書いている記者たちが自分たちの改革になるとさっぱりわけが分からなくなってしまうことだ。

「血が出る覚悟」

記者クラブの理解を得ないうちの「見切り発車」という批判記事もあった。私は記者の諸君に「支障があれば動かしてみて改めればいいではないか」といった。昨年、阪神大震災が起こった当日、私は役所の中で「かつて経験したことのない大災害であり、他人事と考えてはならない。救援のために直ちに現地に職員を派遣すべきだ」と主張した。そして尻込みする職員に向かっていった「走りながら考えよう」と。この言葉はその後、役所の中の流行語になった。

大きな社会変革の時代を迎えて、鎌倉市も「役所仕事」の汚名を返上せんとさまざまな改革に取り組んでいる。記者クラブ改革もその一環として浮かび上がった。改革のリード役であるはずの記者の方が小役人的になってはいないだろうか。

ここ二、三〇年、日本のジャーナリズムを見てきた私の目には、マスコミよりも一人のジャーナリスト立花隆氏が成し遂げた仕事の方がはるかに優れていたように見える。氏の近著『ぼくはこんな本を読んできた』(文藝春秋刊)には、その仕事ぶりが書かれているが、その一端を記せば、氏は関心をもったテーマに関する書籍を端から買いあさって読破する。専門家に話を聞く前には、その人の著作のほとんどすべてに目を通してあるという。記者クラブの集団主義はそのスピリットを喪失させた。自分で調べようとしない。マスコミの記者が立花氏の努力の何分の一かを心掛ければ、日本のジャーナリズムは蘇ると思う。

記者クラブの廃止は全国ではじめてだという。「記者クラブを大事にして、新聞によく書いてもらおう」というのが政治家の通り相場であることは私も承知している。馬鹿なことをすると思っている向きも多いに違いない。きっと記者クラブの記者に恨まれるであろうことも覚悟している。そのことは記者との懇談でも「こちらも血が出る覚悟はしている」といってある。メディアセンター開設の趣旨にも「行政も記者クラブに依存しがちな安易さを自ら克服しなければならない」と書いた。新聞が元気を出さなければこの国は滅ぶと思うからだ。

(一九九六年六月『文藝春秋』)

市民主義と鎌倉

十年一昔とはよくいったものだ。あのころ、どれだけの人が今日の日本の状況を予測しただろうか。あまりにも好調な経済は世界の羨望の的だった。それが一転、人々がもっとも信頼してきた金融機関が破綻し、官僚主導国家の首領と自認してきた大蔵官僚の腐敗が暴かれ、このままでは日本発の世界恐慌を引き起こしかねないという猜疑の目が世界から注がれている。

国民経済は資産の面からみれば間違いなく豊かになっている。しかし、国民は一二〇〇兆円に上るといわれる個人貯蓄を消費に向けようという気配はない。そして、先の参議院選挙（註：一九九八年）では政権党に痛撃を加えた。なぜなのだろうか。

一言でいえば、将来に対する不安だと思う。日本経済の行く末はどうなるのだろうか。年金や保険をはじめとする社会保障、福祉制度は大丈夫なのだろうか。国民への負担（税金）はどこまで上がるのだろうか。さまざまな不安が自分自身で自分の生活を守らなければならない時に備える自己防衛本能をかき立て、財布のひもを固くさせている。経済ばかりではない。将来を担う子供たちの教育現場も荒れている。環境破壊は深刻の度を増している。日本はいま、大きな変革期にさしかかっていると、だれしもが認識しているにもかかわらず、政府や国会が示す経済、政治、行政、教育などの改革論からは将来の国家像、社会像がなかなかみえてこない。ここに国民の大きな不安があるように思う。

明治の近代化から一〇〇年、戦後の民主化から五〇年、二一世紀を目前にした今日の時代が求めている改革とはなんなのだろうか。戦後の民主化は、新憲法の基本理念である国民主権、平和主義、基本的人権の尊重に沿って、さまざまな改革がなされた。国民の勤勉さと相まって日本社会は大きな発展を遂げた。明治の近代化が目指した欧米諸国に「追いつき、追い越せ」という目標も、戦後の経済主義路線の中で達成することができた。しかし、米ソ両大国の冷戦の終結といった国際情勢や経済社会の国際化、情報化といった急激な変化の中で、経済大国への道を支えた戦後の諸制度が、錆びついて機能不全を起こしてしまったというのが今日の状況だろう。いましっかり考えなければならないことは、経済の弥縫策ではない。なにが機能不全を起こしているのかを冷静に判断し、次の五〇年、一〇〇年はなにを目指すのかという長期の視点だ。

戦後の政治・行政をリードしてきたのは中央省庁のエリート官僚たちであった。確かに経済大国をつくりあげるうえで、優秀な官僚たちの果たした役割が大きかったことは否定しない。しかし、官僚主導の国家体制は長年の惰性の中で次第に政官業の腐敗構造を肥大化させ、国民の不信を増幅させてきた。国民主権という大原則を掲げながらも、官僚による中央集権体制の中で国民は主役にはなりきれなかった。

いま問われていることは、官僚主導の国を、名実ともに国民主権の国に改めること。別の言葉を使えば、市民が主体になる社会を創りあげること、つまり社会の「市民化」である。これは一〇〇年かかってもできないでいる明治以来の宿題であり、これが今日の改革のテーマである。そのことをしっかりと踏まえた改革論を提示しなければならない。

「市民化」とはなにか

「隣家からの落ち葉が庭に落ちて困るので注意してほしい」
「天井でネコがこどもを生んだので取り除いてほしい」
「庭にくる鳥の名前を教えてほしい」

市役所には住民からいろんな話が持ち込まれる。ある職員の話によると、こんなことまで役所がやるべきなのかどうか疑問に思うことでもなるべく丁寧に対応することにしているが、たまにはカチンとくることもある。こんなところが標準的な職員像だろうという。

カチンとくるのはどんな場合か――本来は住民自らがやるべき性格の仕事を頼んでおきながら、あたかも市役所がやるのが当然といった態度の人に出会った時だそうだ。確かに、自立した市民として、落ち葉が迷惑なら、そのことをいえない近隣関係の方がよほどおかしい。ペットを飼うからにはその始末に責任を持つのは当然のことだろう。

政治や行政は国民のためにある。こんな当たり前のことをあえていわなければならなくなったのは、昨今、次々に明らかになる政治家と官僚と業者による政治・行政の私物化、いわゆる政官業の癒着腐敗があまりにひどいからに他ならない。この点は既成権力層の人々に大いに反省してもらわなければならない。しかし、国民の側にも封建社会からの長い中央集権体制慣れの中で「なにかにつけて官頼み」、役所主導を助長する傾向がなかったわけではない。

すべてを官に任せる社会がうまく行かないことは、ソ連・東欧の社会主義が崩壊したことですでに実証された。今日、日本のほとんどの政党は原則的には、官に任せる分野は小さく、そのかわり国民の負担はできるだけ小さくする、いわゆる「小さな政府論」を志向している。「大きな政府論」に立つのは共産党ぐらいのものだろう。

政治家は頭の中では「小さな政府」を志向しながらも、なぜ行政改革が断行できないかといえば、一つは、明治以前からの長い中央集権体制の歴史の中で飼い慣らされた官を中心とする癒着体制のうまみが吹っ切れないからだ。そこに中央省庁のエリート官僚たちの体制維持の攻勢が功を奏する余地がある。もう一つは、国民に向けて票ほしさのお愛想ばかりをいってきた習性が身についていて、国民にも一緒に汗をかいてもらうという「小さな政府」論の本質には迫れないのだ。

「小さな政府」とは、一言でいえば「市民社会を築くこと」である。もう少し詳しくいえば、(1)中央政府は国の基本にかかわることに限定してできるだけ小さく、国民生活にかかわることはすべて地方政府に権限、財源を移す、(2)地方政府の行政は情報公開と市民参画によって市民の意思をベースにする、(3)一方で、市民も地域を構成する一員として地域の公共性に貢献する活動に努める、ということになる。「中央集権体制」を廃して「地域主権体制」をつくることと言い換えてもよいだろう。

われわれはいま、市民社会化を目指さなければならない。それは時代の要請である。政府が(1)をなかなかやろうとしない制約の中で、鎌倉市は(2)と(3)について、総合計画をはじめ各種の基本計画や施策に、そうした理念をできるかぎり貫いてきた。「これからも市民主義」——二期目の市長選挙のキャッチフレーズにもなった通り、私が市長に就任してから五年、もっとも意識しているのはこの点だ。

鎌倉の市民主義

ありがたいことに、鎌倉には市民主義の輝かしい伝統がある。

鎌倉幕府が滅亡したあとは、わずかに残った寺社や旧跡を訪れる人がいる程度の寒村になった鎌倉が、再び賑わいを取り戻すのは明治中期以降。海水浴場の適地と紹介され、とくに明治二二年(一八八九年)に横須賀線が開通すると、政財官界の有力者、軍人、文筆家、芸術家たちの邸宅、別荘の建設が急速に進み、住宅地、保養地、別荘地の性格を強めることになるが、こうした移住者、とくに文人が遅れていた街の整備に大いに貢献することになる。

一例をあげれば「鎌倉同人会」。大正四年(一九一五年)に陸奥広吉(外交官、宗光外相の長男)、黒田清輝(東京美術学校教授)氏らが呼び掛けて設立された。その趣意書にはこんなことが書かれている。

「鎌倉は日本の鎌倉ではなく世界の鎌倉である、と住民は誇りに思っている。しかし、実際を視察すれば名勝旧跡の保存も完備していない。鎌倉武士の質朴、廉潔の遺風はいまの鎌倉人にはない。道路、側溝の清潔はどうか。鎌倉の産業と称するものがあるか。衛生、教育、商業、風俗、来住者が居心地がいいと感服する設備はない。公共機関は改善に努めているが、施設を有効、適切にするには住民が一致協力、自ら進んで事に当たる覚悟が必要である。これが鎌倉同人会を組織する理由だ。当局を援助し、足りないところを補い、この地の発展を計れば、真に鎌倉をその美名に恥じない素晴らしい郷土にすることができる。これは至難のことではない」

町当局など公共機関の足りないところをわれわれが補うという決意の通り、同人会は自分たちで資金を集めて精力的な活動を展開した。若宮大路の松並木の保護、段葛の改修、鎌倉駅の改築、郵便局の新局舎建築、道路の清掃、街路灯、公衆便所の設置などなど…。関東大震災で鎌倉は壊滅するが、国宝を散逸させてはならないと、鎌倉国宝館の建設を計画、これも別荘族などからの多額の資金提供と関係大臣への直談判が功を奏して実現する。『鎌倉重宝一覧』『鎌倉寺社めぐり』『鎌倉地形図』を発行、文化財に対する関心も高めた。

鎌倉文士のユニークな活躍も有名だ。作家の久米正雄、大佛次郎氏らは、満州事変がはじまり軍国主義の台頭著しい昭和九年(一九三四年)、ますます増す社会の暗さと逆に、張りぼての美女らが街を練り歩く突拍子もなく明るい鎌倉カーニバルを考え出し、鎌倉の夏の風物詩に仕立て上げてしまった。川端康成、中山義秀、高見順、小林秀雄氏らが戦争末期の昭和二〇年(一九四五年)五月にはじめた貸本屋「鎌倉文庫」は書物に渇望する多くの市民で大繁盛した。

戦後の混乱期には、鎌倉在住の学者、作家らが教授陣になって、光明寺(材木座)の本堂、庫裏を教室にした市民大学「鎌倉アカデミア」が設立された歴史もある。

市民主義の歴史の中で「御谷（おやつ）騒動」も忘れることはできない。戦後の住宅開発の波が鎌倉のシンボルともいうべき鶴岡八幡宮の裏山に及んだとき、市民はブルドーザーの前に立ちふさがった。スケッチの最中にブルドーザーに追われた日本画家小倉遊亀さんが命からがら逃げた様子を新聞に投稿すると、全国から大きな反響があった。大佛次郎氏はイギリスにナショナルトラスト制度があることを新聞の連載記事で紹介し、自ら市民が緑地を買い取る募金運動の先頭に立った。日本初のナショナルトラストが鎌倉に生まれ、御谷騒動は幕を閉じた。

この運動がきっかけになって古都の風致を守る「古都保存法」が緊急議員立法で制定され、旧鎌倉の市街地を取り囲む緑はようやく守られることになった。京都、奈良も、この法律の恩恵を受けることになったことを考えれば、鎌倉市民が御谷の緑保全にかけた情熱は特筆されてしかるべきだろう。

もっと歴史を遡れば、源頼朝が鎌倉に幕府を開いて確立した中世の武家政治は、地方の生活者がはじめて耕作地に対する権利を自覚することによって起こった庶民側からの租税革命でもあった。一二世紀末までの公家政治は、「公地公民」を原則とする律令制国家であった。農民は公家や寺社に吸い上げられる重税に苦しんだ。そこに武装して農地を自営する武士が登場することになる。

「一所懸命」という言葉に象徴されているとおり、武士たちは自分たちの農地を自分たちのものにするために、一生懸命に耕作し、一生懸命に自衛した。そして地方、とくに関東一円で勢力を築いた。その板東武者たちが流人の身だった頼朝を担いで公家の専横的中央集権体制に反乱を企てたのが、武家政治の発祥である。それは租税改革であるとともに、地方からの改革でもある。武家政治が公家政治の華麗、贅沢とは対照的に、質素、清廉を旨としたのも、その生い立ちに起因している。中世封建体制とはいえ、庶民的な体質をもって生まれた武家政治は、今日の市民主義とあい通じるものがあるといってもよいだろう。環境、福祉、文化、さまざまな分野で鎌倉の市民活動が活発な背景にはこうした伝統が息づいていると思う。

元首相のボランティア

平成七年(一九九五年)一月一七日の阪神・淡路大震災は、高速道路や近代建築物を転倒させる直下型地震の凄まじい破壊力を見せつけた。その一方で被災地の救援に全国から駆けつけた大勢のボランティアの献身的な活動にだれしもが目を見張った。その後の日本海重油流出事故などでも同様の救援活動が展開され、ボランティア時代の到来を強く印象づけることになったが、じつは、はるか七〇年以上も前の関東大震災の時にも同じような活動はあった。

大正一二年（一九二三年）九月一日の関東大震災は、鎌倉を一瞬にして廃墟と化した。鎌倉町の全戸数四二〇〇戸のうちの三〇〇〇戸が倒壊したうえ、続いて襲った津波と火災でさらに六〇〇戸を失った。死者は四〇〇人を超した。鶴岡八幡宮の舞殿、楼門など寺社の堂塔はほとんどが全壊、高徳院の大仏さまも台座のうえを数十センチ滑り出た。

先に紹介した鎌倉同人会は、薬品や衛生器材の調達に奔走するなど市民団体の自主的な活動が大災害から立ち直るうえで大きな力になったが、ここではごく普通のひとりの住民であった石橋湛山氏（戦後の首相、当時は東洋経済新報記者）の例を取り上げてみよう。

石橋氏は、御用邸（現在の御成小学校）の隣に住んでいた。『湛山回想』（毎日新聞社刊）によると、御用邸の垣を越え、広い松林の中に近所の人を誘って避難した。焼けトタンでつくった仮小屋で数百人が避難生活を送った。近所の人はいろんなものを持ち寄って助け合った。町当局や「土地の人々」（当時の鎌倉は、昔から住んでいた人＝土地の人、移り住んできた人＝別荘の人、夏場だけ海水浴に逗留する人＝海の家の人、という居住形態による三つの区別があり、物価も三通りあったという）とも協力して震災復興に当たった。そしてこう記している。

「人間は、こういう場合には、だれでも自然に私心を去り、相助け合う気持ちになるものである。私どもは、ボランチアーとして、仮小屋の町役場につめ、大した役には立たなかったかも知れないが、何やかやの手伝いをした。その中には慶応大学の小泉信三君（後に慶応義塾塾長）のごときもいた」

石橋湛山氏の「ボランチアー」はその後、拡大の一途をたどる。震災後すぐに鎌倉町がつくった臨時復興調査委員会の委員を引き受けた。その委員会で商店や住宅の復興資金を調達する鎌倉信用購買利用組合の設立を提案した。すると今度は、「別荘側の人々」から日常品を確保するための消費組合をつくってほしいという要望が出て、二つの組合をつくることになった。後者の「信用購買利用組合湘南倶楽部」では常務理事として悪戦苦闘するが、さらには「別荘側からだれか町会議員を出そう」という話になり、一期四年間、町会議員として街づくりに献身的な活動をすることになる。

石橋湛山氏は、私のもっとも尊敬する人物である。戦前、戦中、戦後にわたって六〇年に及ぶ言論活動は、頑固なまでに透徹した自由主義、平和主義を貫いた。その真髄ともいうべき「小日本主義」、つまり日本は経済的合理性からみてもアジアへの膨張主義をとるべきではないとする持論は、一九二〇年代からどんな時代背景の中でも微塵の揺らぎもなく、戦後の新生日本の基本理念に生きることになった。『東洋経済新報』の大黒柱ともいうべき優れた社説を、毎週発表し続ける多忙を極めた本業の傍らで、住まい地域のためのボランティアに取り組み、ボランティア精神に満ちた町会議員までつとめた大先輩の姿勢にはただただ感服するばかりだが、氏は『湛山回想』の中で次のように述べている。

「四年間の町会議員も、私には、良い経験であった。そのころの地方自治の、いかなるものかの一端を、直接の体験によって知り得たのである。地方の行政や財政に関する、その後の私のいろいろの意見は、この体験にもとづくところが多い」

確かに、氏の三六〇〇篇に及ぶ論文、座談、講演の中で地方行政に関するものは、鎌倉でのボランティア活動がはじめられた以降に登場する。その論旨は極めて明快で、(1)わが政治は国民の政治ではなくて官僚の政治であり、役人は国民の公僕ではなくて国民の支配者である、(2)わが行政制度は世界に稀な中央集権主義であり、画一主義、官僚万能主義である、(3)政治は国民によって行われるべきであり、国民の要求を達成しうる、国民が監視しうる政治であるためには、できるだけ地方分権でなくてはならず、できるだけ国民に身近な市町村に重き(権限、財源)を置かなければならない、という。

にもかかわらず、地方自治の現状はどうか。「上級の政府からどうして利益を獲得するかを考究する機関にすぎず、国民の自主独立の精神どころか、かえって、こじき根性を増長するほかの何ものでもない」と断ずる。そして、こうした政治体質は戦後の大改革によっても改まらなかったと指摘している。

今日にもそのまま通用する石橋湛山氏の自治論で、もう一つ特徴的なことは、その批判の矛先を官僚ばかりでなく、国民にも向けていることだ。「地方自治と市民」(昭和三年)という小論の一部を引用しよう。

「東京市の市会議員がまたぞろ涜職罪(汚職)を犯したとて大騒ぎをしている。そもそも議員選挙の際にいい加減の人間を出しておいて、後で騒いだとて追っつかない。／これは東京ではないが、東京付近のある小都市で、最近町会議員の改選がある。しかるべき人物を推したいと、一部町民は奔走してかの人、この人と当たっているがだれも忙しいとか、その任でないとか、口実を設けて承諾しない。結局今度も議員に出るものは、地方自治に対してほとんど何の理解もなく、ただ議員になりたいために議員になる連中ばかりにとどまるらしい、ということだ。／東京市とてもその通り、まじめの市民が、各自進んで市のために、自分が議員になってやる覚悟がなければ、市政の改善は望みがない。畢竟するに、今度のごとき醜問題が再三起こるのも、市民がすべて利己主義で、公のために尽くす精神がないからだ」

政治を国民のもの、市民のものにするためには、国民、市民の側も自主独立の精神で自らの責任を果たさなければならないというのだ。

日本のニューフロンティア

ワシントンの中心部からポトマック川を渡ってアーリントン国立墓地に入ると、正面の小高い丘の中腹に「永遠の火」が燃える一角がある。J・F・ケネディ元大統領の墓だ。大理石の墓碑には有名な大統領就任演説(一九六一年一月)の一節が刻み込まれている。

「アメリカ国民諸君、諸君は国家が何をしてくれるかを求めるのではなく、諸君が国家に何ができるかを問うてほしい」

米国の威信回復の期待を担って登場した若き大統領は、残念ながら任期半ばにして凶弾に倒れたが、国民に説いたニューフロンティア精神は「神話」にもなって、その後の米国の政治、市民運動に大きな影響力を与えた。建国の経緯からみても市民社会が発達している米国の大統領ならではの言葉という見方もできようが、じつはケネディ大統領よりも四年前に、同じような趣旨の発言をした政治家がいる。それがなんと日本の首相だと聞いたら驚くだろう。石橋湛山氏である。

石橋氏が首相に就任したのは昭和三一年(一九五六年)暮れ。年が明けて一月八日、東京・

日比谷公会堂で開いた自民党演説会で、石橋氏は国民向けの第一声をあげた。演説は新政権の「五つの誓い」を明らかにしたあと、次の言葉で締めくくられた。

「民主政治は往々にして皆さんのご機嫌をとる政治になる。これが民主政治を滅ぼす原因になる。私は皆さんのご機嫌を伺うことはしない。ずいぶん皆さんにいやがられることをするかもしれないから、そのつもりでいてもらいたい」

石橋首相は母校早稲田大学の祝賀会に出席してひいた風邪をこじらせ、在任わずか七一日で退陣するが、まさにいま求められているのはこの点だろう。「いやがられること」とは、「国民にも果たすべき責務は果たしてもらう」という意味合いだろう。選挙の票のためにご機嫌を伺ってばかりで、為すべきことを為さない政治家では、真の国民のための政治にはならない。有権者の側も政治に利己主義を求めては民主政治は育たない。政治の本質をずばりついた至言である。こんなすごいことをいってのけた首相はいない。やはり本人もいう通り、ボランティア精神で地方政治に携わった体験があったればこそ生まれた識見だろう。

明治の近代化に大きな影響を与えた思想家・福沢諭吉翁は、近代国家のありようについて、中央政府に集中すべき権利(政権)は法律制定権、軍事権、租税徴収権、外交権、貨幣鋳造権などに限定し、人々の生活にかかわる権利(治権)はすべてそれぞれの地域の人々による地方政府に分散すべきとする「分権論」を著している。その論理は、それぞれの地域の特性はそれぞれの地域の人々が一番よく知っているので、それぞれの地域の政府に任せて、全国一律になる必要はない。二つの権利を一緒にして中央に集中すると、人々は何事につけて自分の意思を捨てて、他人の鼻息を仰ぐことになる。そして、全国に無駄使い(浪費乱用)が起こるであろう、というのだ。

明治一〇年(一八七七年)のことである。それから一二〇年が経った。日本は一途に中央集権体制をとってきた。その結果は、まさに福沢翁が警鐘を鳴らした「鼻息伺い」「浪費」の弊害に直面している。生活にかかわることは地域の自決権に委ねるという分権国家の思想は明治の時代から求められてきた。それがいまだにできないのでは近代国家とはいえない。政府が市民化の理念を定めて地方分権を進めることが大切だが、市民の側からの意識変革も重要なカギを握っている。

優れた先達と伝統をもつ鎌倉は、時代が求める市民社会化にもっとも近い位置にいる。「これからも市民主義」――鎌倉に日本一の市民社会を創り上げるために、市民とともに汗したい。

(一九九八年九月『竹内謙後援会報』)

悲しかったこと

市長になって二年、なんとも寂しく、やるせなく、悲しい思いをしたことが一度ある。今年一月、中央公民館ホールで開いた「かまくら都市景観のつどい」での出来事だ。

参加者は市内と市外の人が半々だった。そのことがアンケートの集計でわかると、会場からこの催しに異議を唱える質問がでた。

「どうして市外の人間が五〇％も占めるようになったのか」

それからしばらく、「外の方が関心をもって下さることも非常に大切」というコーディネーターの進行を遮って、市外参加を否定する意見表明が繰り返された。私は「鎌倉は市民のものだけでなく、日本の、世界の財産。市外の方に関心をもっていただくことは大変ありがたいことで、それを排除しようという考え方はとるべきでない」と話した。

鎌倉には年間二〇〇〇万人を超える観光客が訪れる。清閑な居住環境を乱されかねない住宅地の方々にとって「外」の人は迷惑な面もあるが、私は異議を唱えた人たちが「外」の人は「お蔭さま」のはずの古都鎌倉中心地区の商業者であったことに仰天した。社会は「お互いさま」の気持ちで成り立つ。第三次総合計画の人口概念に、鎌倉に住み、働き、学ぶ人だけでなく、訪れ、愛し、想うすべての人を加えたのも、そんな気持ちに根差している。

創刊二〇〇号の記念に悲しかった出来事を書こうと思い立ったのは、一六年前の創刊号をみたからだ。「創刊のごあいさつ」の中で、「こんな人、あんな人、楽しい話、悲しい話、めずらしい話、なんでも結構です」と投稿を呼びかけている。『鎌倉朝日』は、この創刊あいさつのとおり、多くの市民が執筆する市民紙の役割を見事に担ってきたが、どちらかといえば、悲しい話は少なかった。本物の市民社会をつくるために、悲しい話も大切だと思う。

（一九九五年一一月『鎌倉朝日』創刊二〇〇号に寄せて）

「木鶏たらん」と心に期して

鶴岡八幡宮の「ぼんぼり祭り」は鎌倉ならではのすばらしい夏の風物詩です。市内在住の方々を中心とする多彩な顔ぶれが送る思い思いのメッセージ。蝋燭の光に浮かぶその心を受けとめながらのそぞろ歩きは、酷暑の時を忘れさせてくれます。

作品の上手下手は問わない祭りと勝手に解釈して、私も毎年、稚拙な書を出させていただいている。今年は八幡さまから大小二点を書くよう勧めがあり、大は「愛郷無限」、小は「木鶏」と墨書しました。前者は私のかねてよりの施政方針、後者は最近大いに心しようと決意した人生観です。

『荘子』に「木鶏に似たり」という言葉があります。こんな話です。

王様のために闘鶏を育てる男がいました。訓練をはじめて一〇日して王が「もう大丈夫か」と聞くと、男は「鶏はまだ虚勢をはっているからだめだ」という。また一〇日して聞くと、「まだ相手の動きに心を動かすからだめだ」。さらに一〇日して、男が「よろしいでしょう」と答えたとき、鶏はあたかも木でつくったかのようであった。これを見てはどんな相手でも闘う気力を失い、逃げ出してしまった。

諸橋轍次氏(漢学者)は、この言葉について「敵意をもたないものに対しては、これに対抗する敵はない。無心で敵に対することが、万事を処理し、困難に打ち勝つ最上の方法であるとのたとえ」との解釈を示しています。処世の極意を示唆する中国・戦国時代の思想家の教えです。

杉山邦博氏(元NHKアナウンサー)から聞いた話では、昭和の名横綱、双葉山はよもやの大番狂わせで安芸の海に七〇連勝を阻まれたあと、安岡正篤氏(陽明学者)に電報を送り「イマダモッケイニオヨバズ」と記した。安岡氏から以前に木鶏の話を聞き、日頃から「木鶏たらん」と努めていたそうです。

早いもので二期目の市政がスタートして九カ月が経ちました。昨年の市長選挙はまさに市民派の勝利でした。その後、宮城知事選や参院選でも市民派が大きな役割を果たし、日本の政治に一つの流れができつつあるようにも思われます。

市民とともに社会を創る市民主義の政治にとって大切なことは公約を守ることです。選挙の時に公約したことを破るようなことは私の性格からしてできませんから、万難を排しても公約は守ります。そのことにはなんの変わりもありませんが、私がしばしば受ける忠告は、古い秩序を壊さんがために前例慣習を無視する「竹内流」の手法が、どちらかといえば敵をつくりがちだということです。

私の公約は一期目から一貫して「市民主義からの変革の断行」が基調になっていますから、「竹内流」がけっして悪いとは考えていません。それどころかマスコミからの命名も光栄に思っています。もっともっと時代に合わない前例や慣習を市民主義によって塗り替えなければならないと日夜奮闘しているつもりですが、敵をつくる必要はないというのも確かな真理です。

これはまさに私の不徳の致すところ。そのへんも大いに自覚して、二期目は「木鶏たらん」と心がけ、「竹内木鶏流」の開眼に努めてみたいというのが昨今の心境です。

（一九九八年九月『竹内謙後援会報』）

【自然共生—篇】

文化と環境の復権

日本人のこころ——二一世紀を環境の世紀に

本稿は、一九九七年六月三〇日、鎌倉市の姉妹都市であるフランス・ニース市で行った講演録である。日本外務省主催の「政策広報講演会」としてニース地中海大学センターで開催された。講演会の前日には、鎌倉の伝統文化行事である大日本弓馬会(金子家教会長)の流鏑馬（やぶさめ）がコート・ダ・ジュール競馬場で披露された。

お集まりの聴衆の皆さん、

私はまずもって、こんな素晴らしい講演会を設営していただきました皆さんに、心からの敬意と感謝を申し上げます。

ジャック・ペラ市長はじめ、ニース市のみなさん、

マルク・ユーゴー学長はじめ、ニース地中海大学センターの皆さん、

マリー・テレーズ・プルベニス会長はじめ、ニース仏日協会の皆さん、そして、松浦晃一郎大使はじめ、在フランス日本大使館、在マルセイユ日本総領事館の皆さん。

鎌倉市とニース市が姉妹都市の提携を結んでから三〇年が経ちました。フランスの古都であり、国際的な観光都市として世界中の人々の憧れの的であるニース市は、背後に山を控え、前方には美しいアンジュ(天使)湾が広がっています。日本の古都である鎌倉市と、歴史的にも地形的にも非常によく似ております。このような仲間意識からか、ニース市から姉妹都市提携の申し入れをいただいた鎌倉市は、国内、国外を通して初めての姉妹都市提携を結んだという経過があります。以来、今日まで、両市の友好関係をとても喜ばしく思いますが、本日の催しが両市の友好関係、さらには日本とフランスの友好関係に貢献できるよう、私は「日本人のこころ――二一世紀を環境の世紀に」というテーマでお話をしたいと思います。

社寺と雑種文化

鎌倉には鶴岡八幡宮など神社とお寺がたくさんあります。四〇平方キロの小さな市域の中に、約一六〇もの社寺があります。

一月一日、新しい年が明けますと、日本人はよく社寺に出向きます。これを〝初詣〟といいます。今年一年間病気をしないようにとか、今年は入学試験に受かるようにとか、あるいは、今年こそは結婚相手が見つかるようにとか、今年はお金が儲かるようにとか、ありとあらゆる種類の願い事を「おさい銭」とよばれるお金を供えて神や仏に伝えます。

ちなみに、鎌倉の中心に位置する鶴岡八幡宮は全国的にも有名な神社ですから、一月一日から三日までの三日間で、毎年約二〇〇万人もの人々が訪れます。鎌倉市の人口は約一七万人ですから、人口の一二倍にもあたる人が、お正月の三日間の休暇中に、この神社に詣でるのです。

新年ばかりではありません。日本人は一年に何度も社寺に詣でます。日本の気候は、春、夏、秋、冬が非常にはっきりしていますが、季節の節目、あるいは、出産、入学、結婚、親類や知人の命日、葬儀などなど、生活の節目ごとに詣でるのです。例えば、

▽冬の終わり、春の気配がし始めるころ——二月四日ごろですが、社寺では豆を撒く「節分」という行事があります。「鬼はそと、福はうち」——つまり豆を撒きながら悪霊を追い払い、福の神を迎える伝統行事です。多くの人が社寺へ行きます。

▽春と秋の二回、「お彼岸」と称して、お寺の墓地に出向き、亡くなった先祖をお参りします。

▽夏の暑いときには「お盆」と称して、これはお寺の僧侶が各家庭を回って、お経をあげてくれます。
▽一一月一五日は「七五三」といって、七、五、三歳になった子どもを神社に連れて行って、無事に育つよう祈ります。
昨日、コート・ダ・ジュール競馬場で行われました流鏑馬も、鶴岡八幡宮の恒例行事で、この神社の大祭として行われる神事なのです。毎年九月、数万人の観客で賑わいます。

これだけを見ると、日本人は大層信心深いように思えるかも知れません。しかし、そう簡単に割り切るのは危険です。

初詣は一般的には、信仰行事というよりは生活習慣の一つになっているといった方が適切です。特に若い人々にはその傾向が強く、たとえば若いカップルにとって「初詣」は、イコールその年の「初デート」です。社寺は皆が行くから自分たちも行こうという程度の、例えばニース市の〝プロムナード・デ・ザングレ〟へ行く感覚での、デート・コースの一つにすぎないといってもいいでしょう。

初詣は一月一日の午前零時にはじまり、電車も二四時間運転されていますから、この日ばかりは、徹夜のデートができるのです。親も子どもから「初詣」に行くと言われれば、「うちの子どもも信心深くなって結構なことだ」と許してくれがちです。つまり、親公認の徹夜デートが可能な日なのです。

深い信仰心と結びついているわけではない証拠に、結婚式を挙げるときは、神社ではなく、ホテルの中の結婚式場で、にわかクリスチャンに変身し、キリスト教式の結婚式を挙げる若者がたくさんいます。親族が亡くなると、お寺で葬式を行い、入学試験の前には神社で祈るというのが決して珍しくはないのです。

このように、現在の日本文化は複雑な信仰心を背景にしています。雑種文化とも言われます。しかし、このような現象だけをとらえて、日本人がチグハグな生活文化をもっているとみるのは短絡的に過ぎます。

今日の日本人の心が、一朝一夕で形成されたものでないことは、もちろんのことです。後ほど、お話しようと思いますが、古来から日本人一般が信奉してきた神さまは一つではなく、日本人は非常にたくさんの神さまをもっているのです。

「八百万(やおよろず)の神」という言葉があります。これは「八百万の神」と書きます。「八千」ではありません。「八百万」です。文字通りいえば「八〇〇万」もの神さまをもっているのです。きっと皆さんには信じられないことでしょうが、非常に多くの神さまをもっていることが、日本人の世界観の中心にある、ということをこれからお話ししたいと思います。

神と人と自然

神と人と自然の関係について、民俗学者の谷川健一氏は、その著書『民俗の思想　常民の世界観と死生観』(岩波書店刊)の中で次のように考察しています。

かつて古代の人間は、神や自然の中には人間と同じような魂があると考えた。神が人間と同じ形だとする説「アントロポモルフィズム」は、人間が自分たち以外に神聖なものの姿を描こうとするときには避けられない宿命である。この点では、キリスト教といえども例外ではない。しかし、キリスト教は、人間の魂の中に神が宿っていることを認めても、動植物や木や石の中に神が存在していると認めることは決してなかった。キリスト教に代表されるヨーロッパの神の観念は「垂直神」、つまり、神と人間との間には越えられない一線がある、「縦の序列」がある。人間と動物、その他の造られたものの間にも越えられない溝がある、というのです。

日本人の生活においては、太古から今日まで、たとえ岩石や火や水であっても、死んだ自然ではなく、すべてが生きた力をもった自然、別の言葉で言えば、魂を宿した自然だという観念があります。それゆえ、人は自分に善意をもち、恵みを与えてくれる自然を敬い、受け入れると同時に、嵐や噴火など、悪意をもって自分を攻撃する自然を畏れ、遠ざけることに関心を集中させてきたのです。

つまり、宇宙に存在するすべてのもの、森羅万象は人間同様の人格を持つと信じられてきたのです。このように、万物に霊魂(アニマ)があるという考え方は、アニミズムと呼ばれます。谷川健一氏も指摘している通り、日本人が古代から、そうした世界観をもっていたことは、例えば、日本の神話を記した古代の書『日本書紀』の中に次のような一文があることでもわかります。

「葦原の中国(なかつくに)では、岩石も植物も言葉を話すことができて、夜は炎のように騒がしく、昼はまるでウンカ(=セミに似て、ずっと小型の昆虫。緑色で群れをなして飛ぶ。イネの大害虫)が発生するように沸きあがるそうだ」

これはキリスト教の説くような、神、天使、人間、動植物、無生物といった動かすことの出来ない上下の序列関係、縦の秩序にしばられるものではありません。キリスト教の神のように、すべてに超越した一神ではなく、山にも川にも、岩にも洞窟にも、森にも林にも、動物にも昆虫にも、木にも草にも、あるいは風や雷といった気象現象に至るまで、万物に神の宿りを感じるのです。すべてのものに神が宿っているから「八百万の神」という言葉ができたのです。

このような世界観が原始の未開社会だけにとどまらず、古代から中世へ、そして近代までも引き継がれてきたのが、日本社会の特徴です。例えば、日本には森を聖地とする信仰が今でもあります。その中の常緑樹の一本を神の木として、この木に縄を巻き、木の根の所には「ほこら」と呼ばれる、ミニチュアの教会の建物のようなものを作って礼拝します。この木は、この地域の人々を災害から守ってくれる代わりに、切り倒したりすると木の神が人々に災いを及ぼすと信じられています。

地方によって、いろいろな信仰が行事となって残っています。いくつか例を挙げてみましょう。

▽蝶々は、毛虫から美しい蝶々に変身することから、古代から天国からの使いだと考えられています。今でも先祖の霊が蝶々の姿になって、夏の一時期(盆)には帰ってくると信じている地方もあります。

▽太い縄をヘビに見立て、これを集落の入り口の木に巻き付けると、このヘビの神が集落へ悪い病気が入り込むのを防いでくれると考えている地方もあります。

▽柊(ヒイラギ)の枝の先に、小さな乾したイワシの頭を刺して、玄関の先にさして置くと悪霊が家の中に入るのを追い払ってくれるとの信仰行事も広く行われています。

▽植物ばかりでなく、ブナの原生林に囲まれた池を神の池として信じている例もあります。

▽昨日の流鏑馬では白馬が登場しましたが、白馬や黒馬は神の乗り物として、中世以前は生きた馬を奉納して、神に願い事をしました。今日では「絵馬」と言って、馬の絵の描かれた板に願い事を書いて神にお願いします。
▽架空の動物ながら、竜は水の神として、水田稲作農耕地帯では、雨不足の時などに、ワラで作った竜を拝む信仰があります。

アジアの中で、もっとも急速な発展の歴史を有する日本に、このような信仰が今日なお見られるということは、フランスをはじめ、ヨーロッパの社会から見ると、一見奇異な感じがすることでしょう。しかし、日本人はほんとうに自然を敬い、自然の中に溶け込んだ生活を続けてきたのです。それが日本の伝統文化といってもいいでしょう。

自然への対抗

日本民族の成り立ちを振り返ってみましょう。日本列島には旧石器時代から人類が住んでいたことが分かっています。しかし、それならば、今の日本人は彼らの直系の子孫かというと、いろいろな時期にいろいろな所から多くの人々が日本列島に流入して来たと考えられます。

専門家の研究によれば、紀元前後の数世紀に海外から一〇〇万人もの人間が流入したと推定されるとのことです。一〇〇万人という人数は、当時の日本の総人口から見ればかなりな割合だといえましょう。

流入の大きな流れは二つです。一つは、北方からです。日本列島の東半分は、ユーラシア大陸、中国の東北地方と繋がる落葉広葉樹林地帯です。ブナ、ナラといった秋になると葉を落とす森林地帯の中で、日本最初の文化「縄文文化」が発生しました。おそらく、中国東北地方からの影響があったと思われます。

もう一方は、南方からの流入です。日本列島の西半分は、照葉樹林の地域です。照葉樹林というのは、カシ、シイ、ツバキ、クスなどのように「表面に光沢のある葉を持つ常緑広葉樹を主とした、東アジアの暖温帯に特有の森林」です。朝鮮半島の南の一部、中国の揚子江流域から南、さらにインドシナの北からヒマラヤの東にかけて広がっています。南方からの流入は、縄文文化に次いで弥生文化を栄えさせました。

二つの流れのほかにも、小さな動きが数多くあったと思われますが、最終的には、これらが混じりあって、後の世の発展の基礎となるような日本文化と日本人の心が形成されたと考えられるのです。

なぜ、自然とともに暮らす文化が生まれたのか。それはやはり、地形、気候との関わりが大きいと考えざるを得ません。

日本の高名な哲学者である故和辻哲郎氏は、著書『風土』の中で、日本人と自然との関わりについて、日本を含むモンスーン・アジアの湿潤な気候が、日本人に自然への対抗を断念させたのだと指摘しています。モンスーン気候の特徴である高い湿度を伴った猛暑は、しばしば大雨や暴風、洪水など荒々しい自然の猛威となって日本列島を襲い、そこに住む人間に多大な被害をもたらしました。この自然の力は、対抗することを断念させるほど巨大なものであり、神の力を持つと思ったとしても不思議なことではなかったと思います。日本文化は自然を征服する方向ではなく、知恵を使って被害を避ける方向に文化を高めたのです。川の堤防は壊れるものとして、溢れた水を溜めておけるように水田をうまく配置しました。集落は何千年もの経験から、もっとも洪水の危険性の少ない所に置かれました。山崩れの危険の高い場所には、山崩れを誘発する森林伐採を避けるため、神さまを祀る社を置いて、手をつけないように、周辺一帯の山を神格化しました。

持続可能な生活の知恵

日本人は、木の実、くだもの、山菜、きのこなど、野山からの自然の恵みを大切な食料として利用しましたが、その収穫にあたっては決して自然の恵みを採り尽くすことはしませんでした。山に入って、きのこを採るときは、必ずカサを振って胞子を落とします。山菜は必ず脇芽を残します。来年も採れる工夫をしたのです。必要以上の採集は厳しく慎み、来年のための芽を残したのです。「持続可能な収穫」が得られるような習慣が根づいていました。

日本列島の先住民族であるアイヌの人たちは、川を遡上するサケを根こそぎ捕ることはせず、「これはシマフクロウの分、これはクマの分、これは自分たちの分」と分けていたようです。自分たちも自然の一員であることを深く認識している証でしょう。自然の恵みから作り出された物は大事に使い、子どもや孫、将来の世代が同じ恵みを得られるように、という考えが、生活に浸み込んでいたのです。まさに「持続可能な生活」だったのです。

いまでも、季節ごとに自然の食料を利用した食事や料理法はたくさん活用されています。例えば、お正月の一月七日には、「七草粥」を食べます。新春の大地から萌えだした野草七種類を摘んで(いまは太陽暦で季節感が合わないため、八百屋さんで調達する家庭も多い)、お餅入りのお粥をつくります。七草は「セリ、ナズナ、ゴギョウ、ハコベラ、ホトケノザ、スズナ、スズシロ、これぞ七草」と歌にして覚えたものですが、これはお正月のご馳走を食べ過ぎたころに、新鮮な野菜を食べて健康を整える食生活の知恵なのです。野菜や果実、魚介のもっとも美味しい時期のことを「旬」といいますが、自然の恵みを大切にしてきた心を象徴する言葉です。

こうした自然とつきあう知恵や習慣、自然と一体の宗教感覚などをもとにした日本人の暮らし方が、神社やお寺を中心とする宗教行事、絵画や書、茶道や華道など、文化的バックボーンを形成していったのです。

日本の近代化

一方、一七世紀に発展したヨーロッパの近代文明は、科学による自然支配の考え方によって主導されました。フランスの哲学者で、自然科学者でもあるルネ・デカルトや、イギリスの哲学者フランシス・ベーコンらが唱えた思想であり、後の産業革命を産む礎になりました。しかし、それらの文明は、人間の利便性を飛躍的に向上させた反面、科学万能を信じて、人類に地球の支配が出来ると人々に信じさせるほど強力なものになりました。その文明自身が今度は、地球規模の環境破壊に象徴されるように、今日の世界を行き詰まらせる原因となってしまったのは、全く皮肉なことでありました。

日本が鎖国をやめ、ヨーロッパを手本にした経済や政治体制を導入する近代化に取りかかったのは、いまから一三〇年前のことです。「ヨーロッパに追いつけ」をスローガンに進められた急速な工業化、近代化は、不幸なことに軍国主義を台頭させ、第二次世界大戦へと突入したのです。敗戦後は、平和主義のもとに復興、経済発展を主眼にした政策がとられてきました。その結果、ヨーロッパ諸国やアメリカ合衆国と肩を並べる経済大国を築くことはできましたが、その一方で、国内に公害問題を生じさせたばかりでなく、漁業資源を根こそぎ獲る〝巻き網漁法〟や、熱帯雨林を丸坊主にする森林伐採が世界中から非難を浴びることになりました。

資源を根こそぎ獲る生産手法は、本来の日本文化とは性格を一八〇度異にするものです。この一〇〇年余り、近代化、工業化を急ぎすぎたあまりの副作用とでもいえましょう。振り子が振れすぎる、熱くなり過ぎるのも、日本人の性格の一つです。

人類の未来を救うもの

人類の未来を救えるのは一体何なのでしょうか。さらに発展した次世代の文明なのでしょうか。たしかに、コンピュータを初めとする情報工学や、クローン羊を創りだすほどの科学の発展は、機械と人間との対話をも可能にしたように見えます。しかし、私は科学の力を過信してはならないと考えます。私は人類の未来を救うのは、日本人が古来よりしてきたような自然との対話であると思います。

「日本人が古来より」といいましたが、これは少し厚かましい言い方です。じつは「自然とともに生きる」という生活は、日本人ばかりでなく、アジア、アフリカ、ラテン・アメリカなど、世界の極めて広い地域で伝統的に行われてきました。いまや私たち人類は、自然と人間との共存という伝統を取り戻さなければならないと思います。

地球規模の環境破壊が世界の危機として、大きくクローズ・アップされだした一九八〇年代後半から、環境を無視した経済至上主義に反省が加えられました。日本の産業界の総元締めである経済団体連合会は一九九一年、地球環境憲章をまとめ、環境問題への取り組みを企業存在の要件とすることを宣言しました。政府も環境保全の施策を強化してきました。ニューヨークで国連環境総会が開かれましたが、日本政府は「二一世紀を環境の世紀」と位置付け、これからの外交の柱に地球環境保全を据えることにしています。日本外交はいつも「アメリカ合衆国やヨーロッパの顔色を見ていて自主性がない」と批判されていますが、そういうことではありません。九二年、リオデジャネイロで開かれた地球サミットで「今後五年間で一兆円規模の環境ODA(政府開発援助)」を提供することを約束しましたが、今年までの実績は、その目標額を四割上回りました。「国際的に約束したことは、きちんと果す」という誠実な態度で臨んでいることを、ぜひ理解していただきたいと思います。日本社会全体が、これからの社会発展は環境を大切にすることから始まるという意識に転換しています。私ども地方自治体も「地域からの行動こそが、地球環境の危機を救う道である」との考え方から、いろいろな行動を起こしています。鎌倉市でも、地球の温暖化を止めるために、「CO_2を二〇%削減する」計画をつくり、市民総ぐるみの行動を起こしはじめました。私たちは「Think Globally Act Locally（地球規模で考え、地域から行動する）」という有名な標語を実践する地方政府、つまり、すべての施策に環境への配慮をする地方政府を目指しています。それを「環境自治体」と呼んでいますが、全国で同じような自治体がたくさんあり、「環境自治体会議」という新しいネットワークもつくりました。私はその代表者のひとりです。

経済界も、中央政府も、地方政府も、市民も地球を救うための行動に立ち上がりました。難しい課題ですが、日本人は頑張ってきっとやり遂げます。なぜなら、日本にはもともと、自然とともに生きてきた伝統文化があるからです。今日でも、古くからの大木にしめ縄を張り、あるいは海面から突き出た岩に縄を張って、山の神や水の神を信仰の対象としているのです。日本人はヨーロッパを手本にした近代化には成功しましたが、日本人の心は経済や政治ほどには改変しなかったのです。

世界共通の理念に

ノルウェーのブルントラント首相が委員長となって、世界の賢人たちが「Our Common Future（われら共有の未来）」というレポートをまとめました。その中で打ち出された「Sustainable Development（持続可能な発展）」という考え方は、リオデジャネイロの地球サミットで、地球の環境を守るための世界共通の理念として認知されましたが、「持続可能な発展」を一言で言えば、人類は自然界の一員であることを認識し、自然とともに生きることを励行しようということだと理解します。それはとりも直さず、日本の伝統文化を築いてきた「日本人のこころ」と同じであります。

森や川や岩やヘビや魚にまで、神の宿りを感じる心を今日まで持ち続けてきた日本人には、自然は人間以上の崇高な存在であると畏敬する謙虚な気持ちが、いまなお根強くあるのです。それがいままた必要になってきたのです。

人類の歴史において、二〇世紀は残念ながら戦争の世紀でありました。戦争は人間の営みに大きな悲劇をもたらすばかりでなく、地上最大の環境破壊行為でもあります。

人類の歴史においては、価値観や世界観が時代とともに変わってきた事実を私たちは知っています。一大転換が時として意外なほど簡単に引き起こされることも見てきました。

私は一九八九年一一月九日、新聞記者として取材旅行をしていた旅先で、東西冷戦のシンボルであった「ベルリンの壁」の崩壊という歴史的現場に遭遇しました。それは当時の東側の社会において、それまで真実だと信じて疑わなかった世界観や価値観が、ある日突然に崩壊したことを示す出来事でありました。

日本とヨーロッパには、今日なお違った宗教観・文化観がありますが、人間も、馬や牛や鳥や魚、そして木や草と同じように、地球の自然界を形成している一員にすぎないのだという、人類共通の新しい「世界観」が日本にあることを知っていただきたいと思います。それが二一世紀を創るため、きっとお役に立つと確信しています。

姉妹都市のニース市でこのことを、お話できたことを私は大変幸せに思います。ご静聴に感謝します。ありがとう。

（一九九七年六月　ニース市で講演）

【主要参考文献・引用文献】
石井栄一『ベーコン』（人と思想43）清水書院、一九七七年
伊藤勝彦『デカルト』（人と思想11）清水書院、一九六七年
梅原猛『美と宗教の発見』（梅原猛著作集3）集英社、一九八二年
大林太良『北の神々　南の英雄―列島のフォークロア12章―』小学館、一九九五年
久保田展弘『日本宗教とは何か』新潮社、一九九四年
坂本太郎他校注『日本書記上』（日本古典文学体系67）岩波書店、一九六七年
谷川健一『民俗の思想　常民の世界観と死生観』岩波書店、一九九六年
谷川健一他『風土と文化＝日本列島の位相』（日本民俗文化体系 第一巻）小学館、一九八六年
宮田登他『神と仏＝民俗宗教の諸相＝』（日本民俗文化体系 第四巻）小学館、一九八三年
森浩一他『稲と鉄＝さまざまな王権の基盤＝』（日本民俗文化体系 第三巻）小学館、一九八三年
安田喜憲『大地母神の時代―ヨーロッパからの発想―』角川書店、一九九一年
和辻哲郎『和辻哲郎全集』（第八巻）岩波書店、一九六二年

交流から生まれる新しい「開発」

鎌倉は源頼朝が幕府を開いた古都です。当時を偲ばせる歴史的遺産をもとに、二一世紀に通用するよう「環境自治体の創造」と呼ぶ地球人らしいまちづくりを進めています。外国人を含めて年間二〇〇〇万人の人々が訪れます。それぞれ異なる地域で生活する人々が顔を合わせ、話をすることは、お互いの地域の持つ自然や歴史・文化・都市環境などの個性を見つめ直す機会になる点でとても有意義なことです。

日本は戦後、廃墟から再スタートしました。経済発展を目指して、道路・鉄道・ダム・工業団地など産業基盤や生活の利便を支える都市基盤を整備する開発が行われてきました。そのおかげで今日、物質的にとても豊かな社会になりました。

その一方で、何かものたりなさを感じている人も少なくありません。精神的豊かさを支えている文化や環境が犠牲になったからです。

「開発」とは何か。それがいま問い直されています。これはけっして日本だけの問題ではありません。世界中が物質主義・消費主義の行き過ぎに苦悩する時代を迎えています。一九七五年の国連特別総会で一つの提案がありました。
「開発とは、人間の集団が自分たちのもつものを拠り所として、他の集団との交流を通じて自分たちをより豊かにすること」
素晴らしい発想の転換です。こうした先駆的な理念はすぐには定着しないものです。しかし旧来型の開発思想が後退し、交流・自己内発型の開発思想が拡大する兆候はすでに出はじめています。鎌倉市でも人口について「居住人口」に限らず「交流人口」という概念を総合計画の中に導入いたしました。

江戸時代の幕藩体制の中にも今日学ぶべき地方分権の発想はありました。鎌倉時代も農民の土地を守るシステムを創り出した点で地方分権の一歩であったとみることができます。お互いの歴史や文化を知ることこそ開発、言い換えれば社会発展の道です。

（一九九九年七月『国際文化研修』）

あなたのまちと鎌倉の縁を教えて下さい

今年（註：一九九九年）は、武家政権の拠点である鎌倉幕府を開いた源頼朝（一一四七～一一九九年）の没後八〇〇年にあたります。年間を通していろいろな記念行事が企画されています。その一つに旧「鎌倉街道」沿いの市町村など鎌倉と歴史的に縁の深いまちの方々にお集まりいただきシンポジウムを開きたいと考えています。テーマは頼朝の志した「中世の地方分権」です。郷土の歴史を振り返ることは、郷土の未来を考えるうえで、とても有意義なことだと思います。

そこで「わが市を語る」（註：全国市長会発行『市政』の連載ページ）の欄をお借りして、全国の都市行政を担う皆さんにお願いごとをしたいと思い立ちました。それは、皆さんのまちにいまも生きる「鎌倉との縁」がありましたらお教えいただき、シンポジウムの資料としてまとめたいのです。このことの詳細は後述することとし、まずは少し〃わが市を語る〃ことにしましょう。

頼朝は幕府開府の地として、神奈川県の南東部、三浦半島の付け根にあって、南を相模湾に面し、他の三方を山に囲まれた鎌倉を選びました。そして、中世の土木技術を駆使し、世界にも類例のない「自然の地形を利用した城塞(じょうさい)都市」を築いたのです。

敵の侵入を防ぐために、尾根の外側を深く切り落とした断崖状の防衛壁である「大切り岸」、敵の進路を断ち切る「堀切」、守備隊が陣取る「平場」などの防衛施設を設け、外部との交通は「鎌倉七口」と呼ばれる七つの「切り通し」に限定しました。市街地の中央には海から鶴岡八幡宮に突き当たる「若宮大路」を都市軸とする武家政権の軍事的な都市計画がなされました。この都市構造は基本的には今日も変わりありません。

鎌倉にはありがたいことに、明治以降、市民活動のなかで培われた市民主義の輝かしい伝統があります。鎌倉の邸宅、別荘への移住者、とくに文人が中心となり、遅れていた街の公共施設の建設、街路や松並木の整備など、自前の活動で大いに貢献しました。戦後の住宅開発の波が、鎌倉のシンボルともいうべき鶴岡八幡宮に及んだとき、市民はブルドーザーの前に立ちふさがりました。有名な「御谷(おやつ)騒動」です。そして、日本で初めてのナショナルトラストが生まれました。この運動がきっかけになって古都の風致を守る「古都保存法」が制定され、旧鎌倉の市街地を取り囲む緑は、ようやく守られることになりました。

貴重な歴史遺産と、それを取り巻く緑豊かな山並み、そして美しい海岸線が鎌倉の自然景観をつくっています。首都圏住民の心のオアシスとして愛され、国内外からも多くの観光客が訪れています。鎌倉市では、こうした豊かな自然環境と歴史遺産を後世にしっかり引き継ぎ、二一世紀に通用する循環型経済社会を築こうと、「環境自治体の創造」を基本理念とする「第三次鎌倉市総合計画」を平成八年から推進しています。

例えば、中世の都市形態を踏襲する狭い道路も、車社会から発想を転換すれば、歩行が主だった歴史都市のたたずまいが、そのまま残されている貴重な財産と見ることができます。その利点を生かして、自動車交通の抑制型都市を作ろうという発想です。具体的には、パーク・アンド・レールライド（註：なるべくまちの中心から離れた場所へ車を駐車して、そこから先へは電車やバスなどの公共交通機関に乗り換えてもらう）やロードプライシング（註：混雑時にどうしても車を使いたい時に一種の混雑税を支払う）、環境切符などの手法を取り入れ、マイカーから公共交通へのシフト、歩行空間の確保を目指す計画をつくり、いま、さまざまな実験を進めています。鎌倉幕府が防衛のために築いた都市構造を自動車交通から市民の生活、環境を守るために活用しようという発想の転換といってもいいでしょう。

大量生産、大量消費、大量廃棄の経済社会がもたらしたごみの際限なき膨張という文明病にも挑戦すべく、市民の方々に細かい分別収集をお願いする「ごみ半減化計画」、ライフスタイルを見直してエネルギー消費を抑制する「CO_2の二〇％削減計画」など環境自治体の取り組みは多岐にわたっています。

頼朝が打ち立てた武家政権は律令制に苦しんでいた農民の生活救済に主眼を置いていた点で、今日的言葉を使えば一種の「市民革命」ともいえましょう。しかも政権の拠点としての幕府は鎌倉に置きましたが、全国各地の武士が土地をもらうかわりにいざというときの軍役に馳せ参じるなど「御恩奉公」の主従関係を基本にした制度です。「いざ鎌倉」という言葉に象徴されるように、平時は国にあって戦時になると鎌倉街道を走って鎌倉に集結したシステムは一種の「地方分権」といえましょう。

先達の足跡や、歴史遺産の文化的な価値を改めて考え、後世へ新たな遺産を創り出していくという市民意識の高まりこそ、社会発展の原動力です。鎌倉を愛していただいている全国の方々とも手を携えていきたいと考えています。

幸い鎌倉は歴史的に全国のまちとさまざまな関係がありました。その関係を今日の時点にたっていま一度、集大成してみたいというのが冒頭述べましたお願いです。

次のようなデータがございましたら、ぜひご連絡いただきたくお願い申し上げる次第です。

(1)「鎌倉との縁」を今日に残す物的記念物——建造物、道路(鎌倉街道など)、自然(林、森など)

(2)「鎌倉との縁」を今日に残す精神的事象——伝統行事、慣習、言葉(カマクラチョウなど)

(3)「鎌倉との悪縁」——歴史的敵対関係が今日でも残っている事例

(一九九九年四月『市政』)

「第三の開国」は市民社会の創造

二期目の選挙（一九九七年一〇月）を間近に控えていた頃のこと、資源再生部の職員が心配そうな顔をしてやってきた。

「市長、ほんとうに実施に踏み切っていいのですか」

話題は新しい分別収集のこと。ごみ焼却量を二〇〇五年までに半減する計画の達成をめざして、各家庭に排出ごみを二二種類にも分けてもらう新ルールだけに、市民に相当な負担がかかる。慣れるまでの間は混乱を招くことも予想される。それを選挙の直前から始めても大丈夫かという心配であった。

常日頃から職員に「公益に照らしてやるべきことは断固やれ」と慣行、前例にとらわれない行政を指示している立場からいって、「選挙に不利」などということを配慮しては武士道にもとる。胸に去来する多少の不安感はおくびにも出さずに答えた。

「そんなことを気にしているようではごみ問題に太刀打ちできるわけがない。既定方針通りしっかりやるように」

職員の心配の通り、新分別収集は選挙戦の一つの争点になった。市内に住むある著名な文芸評論家は総合雑誌に「古都鎌倉に忍び寄る環境ファッショ」というタイトルの記事を書いた。「市当局が強要するゴミの七種分別。環境保護の美名の下に『全体主義』の悪臭が漂い出す」という脇見出しのついたこの記事は、新分別収集は税金を払っている市民に役務を強いるもので、市の責任で予算と職員をつけてやるべきとの趣旨だ。市民の声には謙虚に耳を傾けたいが、これはいかに日本社会が官を頼りにしてきたかを証明するような典型的な役所任せの発想である。私はこの意見には与《くみ》しない。そんなことをしたら、職員の人件費で市民の税負担は際限なくなってしまうであろう。市民にとって分別作業の負担が大きいことは確かだが、市民一人ひとりの汗こそが、ごみを減量化、資源化(リサイクル)する原動力であるという意識が育たなければ、われわれの社会は大量生産、大量消費、大量廃棄という現代の文明病に滅びてしまう。この文芸評論家は、これまでも市にいろいろな叱声をぶつけてこられた方だが、今回は選挙戦で私の対立候補の応援演説にも立ったから多分に選挙絡みの言論活動でもあった。

私が進めてきた市政の基本理念は「市民主義」。これからの地域づくりは、行政任せではなく、市民の主体的な活動を大切に市民と行政の協働作業を基本とする考えだ。行政がなんでもやる「大きな政府」から、市民も一緒に汗をかく「小さな政府」への転換といってもよい。それだけに環境ファッショ論に対しては「文芸評論家が時代錯誤の議論をマスコミに流すとは鎌倉市民として恥ずかしい」といった痛烈な反論が展開された。

二年後のいま、市民の積極的な協力で新ルールは定着、ごみは三〇％減り、半減計画の目標年次は三年繰り上げられた。

全国的に市民が地域づくりを主導する確かな芽生えがある。国会や中央省庁は地方分権に消極的だが、明治の近代化、戦後の民主化に次ぐ、「第三の開国」の青写真は市民化、市民と自治体が地域から築き上げる「市民社会の創造」だと思う。それは明治維新以来の宿題であったにもかかわらず、富国強兵や高度経済成長という大義名分の下に確立した中央集権体制が足かせとなって果たせずにきた。市民社会の創造は、戦後半世紀の経済政策の中で犠牲になってきた文化や環境の復権でもある。

（一九九九年一〇月『地方自治職員研修』）

ミレニアムと世界遺産

西暦二〇〇〇年。ニュージーランドにはじまり世界を一周したミレニアム・カウントダウンや、それに続くさまざまな記念行事の様子を伝えるテレビ報道をみていると、世界は多彩にして一つ、そして、だれもが新しい時代に明るい期待を込めていることがよくわかる。

新しいミレニアム(千年紀)を健やかに迎えられたことは誠に同慶の至り。よくぞこんな節目の時にこの世に生を受けていたものだと、その幸運をつくづく実感する新年であった。

これからの一〇〇〇年がいったいどうなるのか、そんな気の遠くなるような未来は想像することもできないが、われわれが辿ってきた過去を振り返ることはできる。そのことは新しい時代を考えるうえで、けっして意味のないことではない。

日本の一〇〇〇年代を振り返る

西暦一〇〇〇年にはどんなことがあったのだろうか。『日本史年表』(河出書房新社刊)を繰ってみると、

▽二月　皇后遵子を皇太后に、中宮定子を皇后に、女御彰子を中宮にする　▽五月　興福寺の僧徒が大和国の国守の館に乱入する　▽六月　疫病流行する　▽八月　藤原尊子を女御とする　▽一〇月　東大寺西塔・興福寺喜多院など焼失　▽一二月　皇后藤原定子没する

とある。平安中期。一條天皇の時代。藤原定子は彰子が中宮になったため皇后となり一代二后の先例となった。定子に仕えたのが『枕草子』の著者である清少納言。紫式部の『源氏物語』と並ぶ平安文学の双璧として知られるこの名著の正確な成立年代は明らかではないが、おそらく西暦一〇〇〇年は全三巻の執筆途中、完成も間近なころであったと思われる。

それから一〇〇〇年の歳月が流れた。その間の歴史の捉え方については人それぞれ多様であろうが、『枕草子』から二〇〇年足らずのうちに出現した中世武家政権の鎌倉時代は、鎌倉に長年住む住民、鎌倉市長という立場を度外視しても、やはり日本の歴史のうえで、とてつもなくすごい時代だったと思う。

作家の司馬遼太郎氏はその人気紀行『街道をゆく』の「三浦半島記」の中で、鎌倉幕府が築いた中世武家政権を高く評価し、「この時代から日本らしい歴史がはじめると極論してもいい」と、次のように記している。少し長くなるが、さわりの部分を何カ所か引用してみよう。

「相模国(神奈川県)の三浦半島は、まことに小さい。(略)この半島から、十二世紀末、それまでの日本史を、鉄とたがねでもって叩き割ったような鎌倉幕府が出現するのである。(略)当時、鉄が高価だった。鉄製の農具や水利道具を多量に買えるものが、逃散した農民たちを集め、山野を開いた。これが、律令制が土崩してゆく蟻の一穴になった。時が経つにつれ、有力な開発人のなかから、武士といわれる者が勃興するのである。要するに、やがて武士とよばれる者どもは、墾田の農場主のことだった。律令制時代を通じての法のおかしさは、せっかくひらいた墾田の所有権が、その開発人やその子孫の私有にならなかったことである。荘園に組みこまれる。つまり、開発人たちは、その農場を京の公家や有力社寺に献上し、ひきさがってその管理人になることで、安堵された。その管理人のことを、通称、武士という。武装して農地を自衛しているからである。平安中期以降、とくに関東は、大小あまたの武士の巣窟だった。それぞれ農地の管理権を、懸命に守っていた。そのさまを、一所懸命といった。おそらく十一、二世紀ごろにはすでに使われていたこの言葉は、いまも使われている。当初から、よほど電圧の高いことばだったにちがいない。一所懸命であればこそ、京の公家の顔色が気がかりだった」

「鎌倉幕府がもしつくらなければ、その後の日本史は、二流の歴史だったろう。農民——武士という大いなる農民——が、政権をつくった。律令制の土地制度という不条理なものから、その農地をひらいた者や、その子孫が、頼朝の政権によって農地の所有をたしかなものにした。その影響は、人の心にあらわれた。現実の農地が現実の農場主のものになったことで——たとえば彫刻も写実的になり、絵画や文学もそのようになった。宗教において、その影響ははなはだしい。それまでの仏教は、思想的装飾が過剰で、僧侶でさえ仏教徒は何かという正体がつかめなかった。鎌倉の世になって、形而上的装飾がはやらなくなり、簡潔で、直截で、強いものになった」

「なににもまして、頼朝の存在が大きい。この人物が、一一八〇年に挙兵し、一一八五年、平家を西海に撃ち沈めるまでの五年間ほど、東国全体の武者たちにとって華やかな時代はなかった。それ以前、日本史にただの人が物語の登場人物としてあらわれることは、まれだった。たとえば十一世紀初頭の『源氏物語』に登場するのは公家という貴族ばかりで、庶民が、どういう表情で生死していたかはわかりにくい。十二世紀末、頼朝を擁するひとびとが、鎌倉を拠点として以来、日本史に庶民が大量に登場する。東国武士という形をとって、『平家物語』や『吾妻鏡』にさまざまな貌をもって現れるのである」

「わずか百五十年ながら、この時代から日本らしい歴史がはじめると極論してもいい。もし平安朝の中央集権制がそのままつづいているとすれば、日本史は中国や朝鮮史とさほどに変わらないものになる。ともかくも、幕府によって土地制度がさだまった。(略)律令制のもとではその所有権がつねに不安だったのが、鎌倉幕府の成立によって安定した土地が、所有者のものになったのである。いわば道理が安定した。いかにも道理が通る世になった。従って、ひとびとの物を見る気分まで現実的になった。(略)法の世になったともいえる。執権北条泰時が、貞永元年(一二三二)、幕府の根本法典ともいうべき「御成敗式目」を制定した。律令の家元ともいうべき京都の朝廷をはばかって、幕府は、法や律ということばをさけて式目とよんだが、意気ごみとしては、公家に対する武家政治の法典のつもりだった。この点、儒教主義の中国や朝鮮が、法や律を持ちつつも、原則は徳を持って治むという人治主義——中国ではいまなお——でありつづけたことを思うと、鎌倉の世が果たした功は大きい」

私のような浅学非才の身にもわかりやすい論旨で解き明かす司馬遼太郎氏ならではの史観である。司馬さんばかりではない。二〇〇〇年一月一日付け『朝日新聞』が報じた西暦一〇〇〇年から一九九九年までの「日本の一〇大ニュース」は、博物学者の荒俣宏、心理学者の岸田秀、日本文学者のドナルド・キーン、経済企画庁長官の境屋太一、歴史小説家の杉本苑子の各界識者五氏による評価(各氏の評価で1位が10点、以下順次点数が下がって10位が1点とし

て、五氏の点数を加算して総合評価した）であるが、その結果は、

①明治維新（28点）

②鎌倉幕府成立（27点）

③太平洋戦争の敗戦（23点）

④徳川幕府の成立（21点）

⑤元寇（12点）

6位以下は「混戦模様」として、順位、点数などの明確な報道はなかったが、「日米安保条約締結」「ペリー来航」「日露戦争」などが挙げられている。

いずれにしても、「鎌倉幕府の成立」は千年紀のトップ級ニュースであることは多くの人が認めるところだろう。八〇〇年前のことという時間のハンディキャップを考慮すれば、あるいは一〇〇年前の明治維新をしのぐニュース性を認めていいのかもしれない。さらには武家政権の出発点（鎌倉幕府）とその消滅（明治維新）が二大ニュースであることもなかなかに興味深い。

二〇〇〇年代の日本を展望する

科学技術がいくら発展したといっても、将来の日本や世界がどんな社会になるのかを見

通すことは極めて難しい。国土計画や都市計画を見ても明らかな通り、人口の将来推計すらなかなか当たらないのが実情だ。一九六〇—七〇年代に流行った未来学による将来社会の推測も、その推測に使った前提条件がことごとく狂い、的外れなものになってしまった。一世紀、一〇〇年先の世界すらきっと想像を超えるものに違いない。ましてや一〇〇〇年後を予見することなど不可能なことだ。いつの時代も大事なことは、いま現れている社会現象の中でなにが拡大し、なにが縮小するのかを見極めること、われわれはなにを奨め、なにを諌めなければならないかをしっかりと判断することだろう。

国連の推計によれば、現在六〇億人の世界人口は二一〇〇年には一〇〇億人を超える。人口増加率は次第に鈍化するものの依然として増加傾向にある。先進各国は二一世紀半ばまでにおおむね減少傾向にはいるが、途上国の増加は止まらないからだ。

日本についてみれば、少子・高齢化の傾向は国勢調査の度にそれまでの推計を上回るスピードで進んでいる。二一世紀にさらに加速することは確実とみられる。その結果、有史以来増え続けてきた日本の人口は間もなく減少に転じる。人口のピークを迎えると予測される時期も少子・高齢化の進展とともにだんだん早まり、国立社会保障・人口社会問題研究所の推計も三年前に二〇〇九年から二〇〇七年へと修正された。最近の人口統計からみるとさらに早まる可能性が高い。ピーク時人口は一億二七〇〇万人台。その後は減少のカーブを描きながら、二〇五〇年には一億人、二一〇〇年には現在の人口の半分ほどになるという。二一世紀は間違いなく少子・高齢、人口減少の時代である。

国際化、情報化も一段と進むだろう。コンピューターによるインターネット革命はごく一般的な家庭の中にもどんどん入り込んできた。家庭から世界中の情報が入手できる。情報を送ることもできる。仕事も、買い物も、切符やホテルの予約も、図書閲覧や各種生涯学習も、市役所や病院、大学といった公共機関の利用もパソコンでかなりの部分までできる時代がきている。コンピューターによる情報革命は社会の構造そのものを急速に変えようとしている。国境を越えて市民同士の情報が自由に行き交うことが、世界をますます近い存在に、一つの地球社会にしてゆく効果をもたらすだろう。

途上国地域の人口増加だけから判断しても、食糧問題は一層深刻さを増す。環境を食いつぶしながら生存を維持しなければならない地域が増えるかもしれない。難民化の恐れもある。その意味で途上国に対する日本の役割はますます重要になる。まずもって日本自身の食糧自給率がいまのような状態でいいわけがない。カロリー自給率は四一％、穀物自給率は二九％、品目別でみれば小麦九％、大豆五％、牛肉類五六％と世界に例のないほどの低率である。このままでは日本の安全は食糧の面から崩壊しかねない。減反で荒れた田畑を再び農の前戦基地として復興しなければならなくなる。人口が減少する中ではなかなか困難なことであり、いまからしっかりとした方針を持って臨まなければならないことだ。

同じことはエネルギー問題についてもいえる。一次エネルギーの輸入依存度は九四%と、その大部分を外国に頼っている。石油、石炭など二〇世紀の工業化文明を支えてきた化石燃料はもうすぐ底をつくうえに、CO_2の発生による地球温暖化問題も抱えている。そのためにも日本の技術力を脱化石燃料、自然エネルギーの実用化に注ぐ必要がある。日本は率先して持続可能な社会発展のシステムを築き上げ、世界に輸出する先進国にならなければ、日本自身が危なくなる。

第二次世界大戦に敗れた日本は戦後、軍事力による膨張の道を捨ててもっぱら経済的発展の道をひた走った。その選択は正しかった。世界に誇る「経済大国」を築くことに成功した。しかし、二〇〇〇年を迎えたいま考えなければならないことは、その果てに訪れたのが「バブル経済」であり、それが崩壊して長期的な経済の低迷の中にあるということであろう。

経済の高度成長を追求するあまり人々の消費心をあおりにあおった。その結果として生み落とされた経済社会体制が、「大量生産、大量消費、大量廃棄」であった。環境はその犠牲になった。地域の歴史や文化も無視された。ひたすら経済利益を追い求めた拝金主義がバブルを招いた。そして、それはわれわれの生活の基盤である地球環境を蝕む破滅の構造を内包していたことに多くの人々が気づいた。いま反省しなければならないことはそのことだ。

国際的にみても同じことがいえる。日本を含む先進工業国の消費拡大主義経済は、市場拡大の標的にされた発展途上国を巻き込み、それぞれの地域がもっていた伝統的な経済体制は破壊され、その地域の歴史や文化にも少なからぬ打撃を与えた。地球規模の環境破壊はそうしたことが積み重なって生じている。さらには貧富の拡大、飢餓、疫病の蔓延、食糧・飲料水不足など地球上に発生している多くの難問も先進工業国の行き過ぎた消費主義がその要因になっている。

ユネスコ(国連教育科学文化機関)は二〇世紀の後半、一九七二年になって、「世界遺産」という制度をつくった。環境、歴史、文化に対する破壊が国際世論のやり玉に挙がり、人間らしい振る舞いを取り戻そうと、その年初めて開かれた「国連人間環境会議」(ストックホルム会議)がきっかけになった。世界には多様な民族が、それぞれの歴史と文化をもって生きている。それは地域によって異なる、時代によって異なる。そのことをお互いに知ることこそが、この宇宙船地球号の平和と安全に欠かせない基本理念である。世界遺産はそのことを再認識しようとする制度だと思う。世界遺産への登録は年とともに増え続け、六〇〇件にも上っている。二〇〇〇年代は環境と歴史と文化の復権の時代であろう。古都鎌倉が世界遺産登録を目指す理由もそこにある。

自然型城塞都市を世界の宝に

中世武家政権の本拠地になった鎌倉が世界遺産の候補地に挙がったのは一九九二年。日本政府が国内の世界遺産候補地として世界遺産委員会事務局に提出した暫定リストに「古都鎌倉の寺院・神社ほか」として入ったからだ。文化庁が作成したこの暫定リストには、二件の自然遺産と一〇件の文化遺産が挙げられた。そのほとんどがこの八年間に登録されてきた。その数は、当初の暫定リストの中にはなかった原爆ドーム、すでに推薦済みで二〇〇〇年に登録が予定される琉球王国の城・遺跡群（註：二〇〇一年一月現在未登録）も含めて次の通り一一件になる。（　）内は登録年。

［自然遺産］
・屋久島（一九九三年）
・白神山地（一九九三年）
［文化遺産］
・法隆寺地域の仏教建造物（一九九三年）
・姫路城（一九九三年）

・古都京都の文化財(一九九四年)
・白川郷・五箇山の合掌造り集落(一九九五年)
・広島平和記念碑＝原爆ドーム(一九九六年)
・厳島神社(一九九六年)
・古都奈良の寺院・神社ほか(一九九八年)
・日光の神社(一九九九年)
・琉球王国の城・遺跡群(二〇〇〇年?)

当初の暫定リストのうち取り残されているのは、鎌倉と彦根城の二件だけになった。石見銀山など新たな候補地も有力になってきているという情報もある。正直言って、私は少々焦りを感じていた。

そんな情勢の中で、二年前の一九九八年頃から「鎌倉を世界遺産に」とする登録運動が急速に盛り上がった。まず鎌倉在住の文化人、文化勲章受章者や文化功労者、寺院・神社の代表者らがこぞって発起人となり、「鎌倉の世界遺産登録をめざす市民の会」(加瀬俊一代表)が結成された。その年の一一月、世界遺産登録を決定するユネスコ世界遺産委員会の年次会議が日本(京都)で開催されることになっていたことも、運動を始動するきっかけになった。市民の会は、この会議に出席した委員を鎌倉に招待して、世界遺産の核になる現地を案内するなど鎌倉のPRにつとめた。

こうした大きな運動のうねりの中で、世界遺産としての鎌倉の価値について専門的な視点からの見解をまとめる必要があるとの指摘があり、鎌倉風致保存会活動等研究委員会がこの任に当たることになった。同委員会には世界遺産委員会の委員でもある西村幸夫東大教授も加わり、翌九九年三月「古都鎌倉の世界遺産登録に関する提言」をまとめた。この提言が運動をさらに推進する大きな力になった。なぜなら、それまでややもすれば漠然とした感のあった鎌倉の世界遺産としての価値について、具体的な考え方(コンセプト)がこの中で明確に打ち出されたからだ。文化庁もこのコンセプトに同意している。それは六項目の箇条書きになっているが、その見出しだけを記せば次の通りだ。

(1)鎌倉はすでに文化庁によって日本の世界遺産暫定目録に登録されている。

(2)中世の土木遺構「切り通し」「切り岸」「崖」「平場」「堀切」「やぐら」などが現存し、寺社も含めて城塞化している。

(3)中世の都市計画遺産「若宮大路」が現存し、鎌倉の中心市街地の都市軸としていまも機能している。

(4)中国などとの貿易港、わが国最古の築港遺構である「和賀江嶋」が現存している。
(5)鎌倉に伝えられた禅文化は全国に広まり、現代日本文化に大きな影響を与えている。
(6)鎌倉の市民運動が制定の契機となった「古都保存法」によって、外周部緑地(バッファーゾーン)が保全されている。

これら六つの価値を一言でまとめた言葉としては「山を切り掘った城塞都市鎌倉」と表現している。土を盛り、石を積み上げた万里の長城やヨーロッパの城塞都市とは対照的な世界にも比類ない都市構造という。

世界遺産として鎌倉の特徴的なことは、鎌倉幕府から考えても八〇〇年以上にわたって、人々が生活してきた都市そのものが対象になっているということだろう。その間に街はさまざまな変貌を遂げてきた。とくに明治以降の別荘地、保養地、戦後の宅地開発によって城郭都市の構造が破壊されたところもある。木々が茂りすぎて見えなくなってしまったところもある。「切り通し」や「切り岸」、「堀切」「平場」など城郭を構成する土木遺構の分布や現存の状況についての調査など、世界遺産登録に向けて仕上げなければならない作業がいくつか残っている。こうした調査活動を専門家だけに任せるのではなく、市民もその一翼を担おうという計画も風致保存会で検討されている。

われわれが住んでいる住宅のすぐ脇に歴史を刻する貴重な遺構が散在している。鎌倉は歴史という宝石がちりばめられた都市である。宅地開発の下敷きになった、あるいは木々の中に埋もれてしまっている隠れた宝物を探し当てることはきっと楽しい。地域の歴史や文化、風土を知るきっかけになる。大人たちだけでなく、子どもたちも参加したらいい。まちづくりは知ることからはじまる。その意味でこうした活動はこれからのまちづくりの原動力になるに違いない。

鎌倉にとって世界遺産への登録はけっして到達点ではない。世界遺産登録の目的は歴史と文化を大切にしようというまちづくりの象徴的な指針にすることにある。栄光ある歴史とその歴史が培った文化を踏まえて、新しいミレニアムにふさわしい鎌倉を創り上げてゆくことが現代に生きるわれわれに与えられた責務であり、世界遺産への登録はそのための一つの通過点である。「市民が発掘する世界遺産」は世界にも前例のない快挙になることだろう。

（二〇〇〇年二月『竹内謙後援会報』）

【日本再生―篇】

環境自治体が拓く

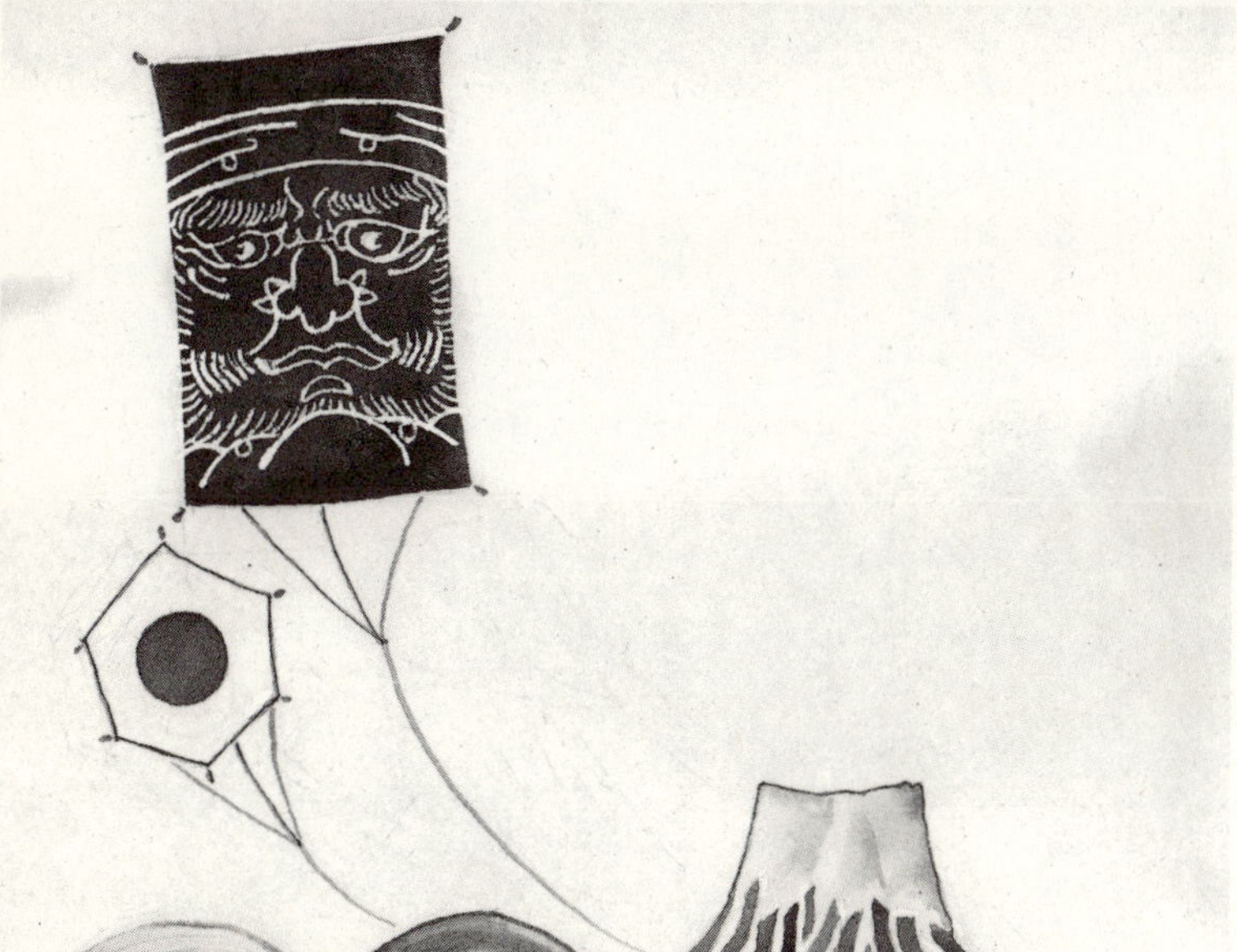

「環境自治体」三つの視点

新緑が残雪に映える上越のやまふところ新潟県安塚町で、さきごろ(一九九四年五月二五～二七日)小さな会議が開かれた。自治体行政のあらゆる分野を「環境」という視点から見直す改革に熱を上げる全国の市町村長や市民団体のリーダーたちが、お互いの経験と情報を交流する「環境自治体会議」で、今年で三回目になる。

昨秋の選挙で「環境自治体の創造」を基本政策に掲げた私も、この会議の呼びかけ人の一人になった。まだ公約実現へ向けての基盤づくりに着手したばかりの段階だが、その発想と目指すべき方向について、私なりの三つの視点を紹介してみたい。

環境自治体はいうまでもなく、地球規模の生態系破壊をもたらした現代文明の弊害を改め、環境への脅威をできるかぎり取り除く「環境共生型の経済社会づくり」のけん引車役を担おうとする地方自治体のことだ。つまり、今日に生きるわれわれ一人ひとりに課せられた「地球を思い、地域から行動する」という地球人としての重い宿題を、地域の責任者である自治体が中心になって実践する企てだが、じつは私は、この環境自治体づくりこそが、いま社会が求める本物の政治改革ではないかと意義づけている。

いま国会が取り組んでいる「政治改革」は、どうもその名に値するとは思えない。政治が「ゼネコン汚職」という構造的な腐敗にまみれ、最高権力者までもが司直の指弾を受けたのに、そのことに対する処方箋が、残念ながら何もみえてこない。選挙制度の改廃や政党助成の発想は、政界再編にはつながっても、政治の体質を改善する効果は期待ができない。

問題の根幹は公共事業のあり方にある。国民の福祉のために充当すべき税が、一部たりとも政治家の懐に舞い戻るとは言語道断だが、こうした腐敗構造を生んだ背景には、公共事業がほんとうに国民のためになっているのかという、より根本的な問題がある。

二五年の歳月と一〇〇〇億円近い巨費を投じた中海・宍道湖の干拓・淡水化事業は、水質悪化を恐れる住民の声を受け入れ最後になって断念したが、開発による利益と環境破壊による不利益を比較すれば、意味の薄い公共事業があまりにも多い。海岸をつぶした道路や護岸工事、水辺を台なしにした河川改修……。大工事ではなくとも、いまの公共事業には同じような体質がいたるところにある。

鎌倉市でも、残り少なくなった山林地域に大きな都市公園をつくる計画を進めてきた。動植物の豊かな山を切って谷を埋め、芝生を植えて人工池を配置するという。私はできるだけ地形をいじらずに、小道やベンチを整備すれば、その方が素晴らしい公園になるし、財政支出も少なくてすむと、計画の修正を指示した。

「ハコモノ」といわれるりっぱな、しかし閑古鳥がなきがちな公共施設が、全国津々浦々に立ち並んだことに象徴されるように、いまの行政は、できるだけ予算をたくさん使う公共事業をしたがる傾向があるように思う。それが環境を顧みない工事をまかり通らせ、腐敗構造を醸成する土壌を育んできた。「バブル後」の時代に反省すべきはこの点だ。税金の無駄使いに切り込まずして、なんの政治改革かといいたい。

環境自治体とは、すべての分野の政策を、これまでの経済計算ではとかく無視されがちだった環境、つまりそこに住む人々の生活を取り囲む豊かさから地球の生態系保全までを含めて、できるだけ総合的な価値から判断しようとする行政・財政改革でもある。公共事業を住民本位のものにするといってもよい。環境自治体の第一の視点は、この点、無駄な公共事業をなくすことにある。

第二は国際協力の視点である。地球温暖化や熱帯林破壊の構造をみれば明らかな通り、地球規模の環境破壊は、国際的な経済活動に由来している。国際経済のあり方を地球保全型に改める取り決めができてしかるべきだが、国家間では利害が衝突して、多国間協定には手がつかない実情にある。

外交や国際関係は国家の役割と考えがちだが、地球の危機を救うには、自治体が国際経済の歪みに国家の枠を越えて挑戦しなければならない時代になったきた。

なぜなら、地球の破壊は国際経済に原因があるとはいえ、われわれ一人ひとりの生活に直結していることでもある。水や空気、土壌といった地球の恵みを直接的に享受している地域住民が、意識や生活様式を環境順応型に転換することの方が解決への近道だし、国際協力の分野も住民にもっとも身近な政府(自治体)の方が適応能力がある。実際、自治体間の国際協力を急速に進めてきた欧州諸国は、そう見ている。

第三は、市民総ぐるみ参加の視点。科学者が指摘するさまざまな地球の危機に対して、新技術の開発による突破を説く向きがあるが、二〇世紀に花開いた工業化文明の毒も知った世紀末を迎えて、われわれが反省しなければならないのは科学技術への過信であろう。

環境自治体は、技術突破に大きな期待をかけるのではなく、生活様式、社会システムを環境順応型に変えることに足場を置いている。すべての地域住民が自らの意識に根差した小さな努力の積み重ねに成果を期待している。

「環境自治体ってなんだろう」などと、その困難性に着目した冷ややかな見方がまだ一般

今年、三年前、たった三つの町村からはじまった環境自治体会議は、今年、六二の自治体が参加するまでに成長した。欧米を中心に国際的な環境自治体づくりの運動はさらに大きな潮流になっている。

（一九九四年六月『読売新聞』）

環境自治体と政治改革

こと女性に関しては堅すぎるといわれるほどの愛妻主義を貫き通しているが、これまでのわが人生を仕事の面から振り返ると、ずいぶんと思い切った転進を重ねてきた。技術者から新聞記者へ、政治記者から環境記者へ、記者から市長へ、と。

もちろん、波乱含みの進路転換に躊躇がなかったわけではない。その都度、私なりに悩み、考え抜いての決断だったが、私はどうも社会が敷いたお決まりのレールに乗る生き方が好きでない。いつも、安全よりは探求心が勝ってしまって、未知の世界に踏み入ることがさほど苦にはならない。

なかでも新聞記者から市長への転進は一大決心がいった。新聞記者の仕事は、若いうちはなかなか大変だが、年をとるにつれて優遇される。とくに編集委員の立場は、自分の意思で好きな仕事ができる。その楽しむべき収穫期を迎えて、朝日新聞社の定年まで一〇年近くが保証されていた。一方、選挙に出るなどとは夢想だにしたことがない。組織も資金もなし。手づくりの市民党選挙で、相手は三選目の現職ら。多くの友人が「乱暴はやめておけ」と心配してくれたが、結局、私は「環境自治体こそが政治改革」という自らの言論を実践する魅力に引かれて、市長への転進を決意した。われながら、なんとも書生っぽいことだとは思う。

自然破壊の開発を背景に、昨今、自治体の議会には環境派議員が登場するようになった。首長さん方もこぞって環境重視を打ち出している。しかし、まだまだ経済至上主義の風潮が主流のなかで、環境は多くの重点項目の一つに過ぎないのが一般的だ。鎌倉市民は、これをさらに一歩進めて、あらゆる施策を環境の視点から見直す「環境主義の政治」を提唱した私を市長に選んでくれた。（環境主義の市長は私が初めてではないかと自負していますが、同じような考えの市長さんがおられたら失礼。ぜひご連絡ください）。

「環境主義の政治」が悪化の一途にある地球規模の環境破壊を視野に入れていることはいうまでもない。現代に生きるすべての人に突き付けられたこの難題にどうこたえるのか。全世界の国家の首脳が一堂に会する地球サミット（一九九二年、リオデジャネイロ）を開いても具体的な対策を打ち出し得なかった深刻な事態を受けて、環境破壊の過半の原因を生み出している都市こそが、率先して環境共生型の生活をつくりあげる主導権をとるべきだとする

てきた。

のが、「環境自治体」の発想である。ドイツを中心に欧米諸国のなかでは大きな潮流になっている。

私もこれらの先進的な都市に学びながら、鎌倉を環境自治体に育て上げたいと熱望している。それは地球人としての当然の責務であるが、じつは私が環境自治体に心を動かしたのは、政治記者として長く政治改革を模索するなかで、環境政策の重視こそが政治改革を実らせる道と悟ったからだ。

日本の政治はこの二〇年間、一貫して腐敗の坂道を転げ落ち、国民の政治不信を募らせてきた。常に政治改革が叫ばれながら、実効を上げない事態は連立政権時代を迎えた今日もまだ続いている。一連の汚職事件を見て明らかな通り、腐敗の根源は公共事業にある。にもかかわらず、政治改革論議はそこにメスを入れようとしない。

私が指摘したいのは、いまの公共事業は無駄が多すぎることだ。ただ単に会計検査院がチェックするような公務員の怠慢による浪費だけではなく、もっと構造的、体質的なことであり、環境を無視した公共事業がその典型といえよう。

公共事業がとかく環境を無視して大規模化したのは、経済至上主義の惰性に加えて、土建政治的な腐敗構造が必要以上の事業費を使う公共事業を求めたからにほかならない。問題はここにある。国民の税金によって、国民の利益を図ることを目的にする公共事業は、その経済的な効果だけではなく、国民の生活を支える基盤である大気や土壌、水、樹木、さらには景観や心地よさといった価値を加えて、総合的な評価から判断されなければならない。その意味で、環境重視は公共事業を本来の姿に戻すことでもある。

国民総生産（GNP）など国民経済計算は、われわれの生活にとってもっとも大切な環境を度外視している。そんな時代遅れのものさしを捨てて、生活の豊かさや地球環境の保全をも含めた総合的価値観を測る新しいものさしを使おうというのが、環境主義の政治である。政治の論理はともかく、国民の意識はそれを支持する時代になった。世論を背景にした環境自治体が全国に広がれば、政治は中央政界を含めて自ずと改革されると、私は確信している。

（一九九四年一〇月『市政』）

いじめ、渚、そして阪神大震災

いやな世の中になったものだ。いたいけなこどもたちが学校でいじめにあって春秋に富む生命を自ら絶ってしまう。あまりにも痛ましく悲しい出来事が連日のように新聞を賑わしている。「昔は」などというと年寄りじみていやだが、少なくともわたしが子供のころまでは、自らに対するいじめを避けるために、自分もいじめる側に与するという大政翼賛的な風潮はなかった。弱いものいじめはどちらかといえば「卑怯者」として非難を浴びる道義が社会にあった。学校にも地域社会にも弱いものがいじめられていれば、誰かもっと強い者がこれを救い出す最低限の安全装置はあった。先生までが翼賛的な暴走装置に組み込まれてしまうとはほんとうに信じがたい。政治や経済ばかりでなく社会までもがシステム崩壊の現象を起こしている。

陳情に市長室を訪れた若いお母さんたちを怒らせてしまったことがある。あとで指摘されて気付いたのだが、わたしがお母さんたちの話に「贅沢すぎますよ」という言葉を一〇回も使ったそうだ。

陳情の内容は、由比が浜の真ん前にある海浜公園が地下利用の工事のために数年間閉鎖することになり、その代替公園を用意してほしいというものだった。こども連れのお母さんたちに大変親しまれていた公園で、そのために工事中も公園の一部を確保する措置は取ったのだが、不十分だという陳情であった。

わたしが「贅沢すぎる」と思ったのは、近くにはほかにも公園がないわけではない、目の前には人工の公園に優る広大な海と海岸がある、ほかの都市からうらやましがられる緑の山もある。が、お母さんたちはこうした自然の恩恵には一顧だに関心を払おうとはしないからだ。お母さんたちの不満は「他の公園にはあんなりっぱな芝生がない」「海岸はガラスが散らかっていてこどもを遊ばせるには危険」「山は危ないからこどもは入れない」などなどであった。

公園が大切なことに異存はない。できるだけ代替地の確保に努力することを約束したが、正直いって世の中ずいぶん変わったと思った。「わたしなんか公園で遊んだことなんかありませんでしたよ。毎日、海と山ばかりでした。それの方がこどもにとっても楽しいし、強いこどもが育つと思いますよ」と付け加えたが、どうもあまり理解は得られなかったようだ。

この原稿の執筆はじつは、ここでしばらく中断することになった。「神戸で大震災」のテレビニュースが流れて、筆を進める気がしなくなった。

わたしは職員に三つのことを指示した。

(1)これはけた違いの災害であり、他人事と思ってはならない。

(2)考えてから動き出すのでは間に合わない。走りながら考えよう。

(3)ボランティアの精神で救援を手伝えばいい。

役所というところは、とかく法律・規則という四角四面の世界に閉じこもりがちだ。市町村が自分の守備範囲を越えたところへ応援に出向くには、当事者、あるいは県や国からの「要請」が必要だという。わたしは、そんなことをしているから役所はいつも遅いと批判されることになると思った。

現地は破壊している。多くの命が奪われ、多くの人が傷ついている。自治体の職員とて例外ではない。極度の混乱に巻き込まれているに違いない。「要請」どころでないかもしれない。いまわれわれが為すべきことは、同じノウハウと能力をもつ自治体職員として、手助けできることを自分の目と足で探し、自主的に手伝うことではないか。それがわたしの三つの指示であった。「公務ではなく、ボランティアで」と考えさえすれば、役所の守備範囲を越えることもできる。

どんな救助の応援ができるか、消防や土木、建築、福祉の専門家で構成する調査隊を現地に派遣することにした。動き出してみると、いろいろな反応があった。震災にあった建築物がこのまま使用に耐えられるかどうかを見極める震災建築物応急危険度判定士を現地に派遣したらという提案が職員の間から持ち上がり、県に問い合わせてみた。そのときは、まだ建設省からの「派遣要請」がないとのことだったが、ほどなく「派遣要請」が跳ね返ってきた。すぐに鎌倉市からも資格をもつ職員が現地に飛び出して行った。

建設省もすでに検討をしていたのか、鎌倉市からの問い合わせで気付いたのか、それは知らないし、どうでもいい。要はみんなが混乱をしているなかで「要請がないから」と手をこまねく態度は「お役所仕事」に過ぎる。遠くにいる者の方が、渦中にいる者より見え易いこともよくある。お互いに気付いたことは「声」を掛け合う。そんな「余計なこと」が役所は不得手なのだが、「大きなお世話」も、時と場合によっては必要ではないかと思う。

関東大震災の時には、関西から救援物資を送ってもらった。疎開のお世話にもなった。「お互いさま」の気持ちがなければ社会は成り立たない。

阪神の震災地には全国から多くのボランティアが結集した。義援金やホームスティの申し出も殺到している。海外からもさまざまなボランティアの活動家が駆けつけた。人々の善意は災害の悲惨さを克服する強さを見せている。

われわれは自然をすこし甘く見過ぎたのではないだろうか。人類には自然を克服できるという過信があった。とくに工業技術文明の花開いたこの世紀は、そうした思い上がりが急速に頭をもたげてしまった。生活の便利さを追い求めるあまりに、生きる基本であるべき安全や人権に対して、あるいは生活の基盤である環境に対して、少々油断があった。洪水、干ばつ、山火事——世界中でさまざまな災害が起こっている。温暖化、オゾン層の消滅など地球規模の環境破壊も招いてしまった。いじめに象徴される社会の崩壊現象も、人と人との関係以前に、自然とのバランスを失った人間の生き方に起因しているように思う。自然を畏敬し、自然とともに生きる人間本来の謙虚な態度を取り戻さなければならない。それがわたしの目指す「環境自治体」の思想でもある。

（一九九五年三月『自治展望』）

経済主義の挫折と環境主義

「日本人とはなにか」を問い続けた司馬遼太郎さんは、「こんなことでは国は滅ぶよ」と日本の行く末を憂慮しながら亡くなった。倒れる一週間前に、評論家田中直毅氏との対談で語ったその慨嘆が、「日本人への遺言」というタイトルの記事になって『週刊朝日』に載っていた。

司馬さんの遺言はもっぱら、公の資源である土地を私の投機の道具にしてしまったここ三、四〇年のこの国と国民が犯した倒錯に向けられている。司馬さんは、宅地転用の時期をただ待っているだけの自宅の隣のネギ畑を眺めて考え込むようになる。

「どうやら労働の価値というものはこれで終わりだなと思ったんです。ネギをつくっている老人の心は、ささくれだっているだろう。このまま日本全国がそうなれば我々が千年以上もの長い間に培ってきたモラルが崩壊するなと思いました。地面はぼくらがよって立つところであり、最後はそこに骨がうずまっていく。人生があり、歴史が展開される。地面は我々のものです。

これは異常な土地の私有が始まったなと思いました」

不幸なことに、司馬さんの洞察は時とともに現実の大きな流れとなって日本中をなめ尽くすことになる。

「日本のわずかな平場の土地を、コメもつくらず工場もおかず、投機の対象にのみとした。タヌキが木の葉を出して一万円だといったらそうですかというようなやり方ですね。その流れに大蔵省と銀行がのみこまれるどころか、メーンにいたというのが今度の住専問題ですね」

「我々はもう一度、戦争裁判を、そういう法廷をつくらざるを得ないですね。ここまで傷んでいるんだぞという認識を国民全体が持たなければ、もうジリ貧もなにも、いつのまにか日本という国がなくなってしまうかもわかりません」

「次の時代なんか、もうこないという感じが、僕なんかにはあるな。ここまで闇をつくってしまったら、日本列島という地面のうえで人は住んでいくでしょうけれども、堅牢な社会を築くという意味では難しい。ここまでブヨついて緩んでしまったら、取り返しがつかない。少なくとも土地をいたぶったという意味での倫理的な決算をしておかないと、次の時代はこない。土地投機を苦々しく見てきた者としては、なんだか捨て鉢な気持ちなんですよ」

対談のなかで田中氏は、司馬さんが苦々しく見てきたものの正体を「公共事業複合体」

日本中を、全国民を、土地バブルに巻き込んだ日本の妖怪に対する見事な命名である。「政治家、官僚、ディベロッパー(開発事業者)……みんながその歯車になって働きました」という。

司馬さんが言い遺した土地の私物化や田中氏がいう「公共事業複合体」に牛耳られた公共事業について、私もこの二〇年ほど考え続けてきた。私にとって大きなきっかけになったのは一九七四年、田中角栄首相の金脈問題であった。当時、新聞社の政治記者として至近距離から首相をウォッチングしているつもりだった身にとって、フリーライターの立花隆氏が書いた田中金脈レポートはあまりに衝撃的であった。田中首相の日本列島改造論が引き起こした地価狂乱と税金によって賄われる公共事業から政治家が利益を得る土建政治に対する痛烈な問題提起であった。それからというもの、私は政治の現場を見つめながら、いつも、日本の政治はどうすれば立ち直ることができるのかを私なりに模索してきたが、一方で現実の政治は、ロッキード事件、リクルート事件、佐川急便事件、金丸金脈事件と、腐敗の坂道を転がり落ちるばかりだった。そしてついには、土地投機の宴に狂奔し破綻した金融機関の救済に巨額の税金をつぎ込み、後世に大きなつけを遺す事態にまで立ち至ってしまったのだ。

無謀を止める住民の目

なぜ、こんなことになったのか。腐敗事件の度に「政治改革」が叫ばれ、法律も手直しされたが、私にいわせれば、いずれも政治改革の本質には迫らなかった。問題の核心は選挙制度や政治資金制度にあるのではない。公共事業のあり方にあるにもかかわらず、この点には触れないからだ。忘れているのか、さもなければ政治の腐敗を糊塗しようとする意図があるとしか思えない。公共事業をめぐる政治家と官僚と業者の癒着構造を解体することと、そのためには公共事業のあり方を、公正に、透明に、無駄のないように改めていかなければならない。できるだけ透明性、効率性、競争性、公平性を高める制度とその運用に努めることこそが政治改革の原点であると思うが、自民党政権の時も、そして連立政権時代を迎えても、政府の施策はこの点に一貫して手がつかない。

二六年余りの新聞記者生活の後、私はいま地方自治(鎌倉市)の仕事に携わることになったが、鎌倉市政の基本理念を「環境自治体の創造」と定めた。その説明は後述するとして、これは私が記者時代の後半に得た現代日本の政治改革論である。どこまでこの論理が実現するかはまだわからないが、市民との協働作業のなかで一歩一歩実践に移している。市民からの一定の評価も得て、かなり先駆的な試みに挑戦している。

「環境自治体」とはなにかを少し説明しよう。司馬遼太郎さんが家の隣のネギ畑を眺めて不安を覚えた時代は、田中直毅氏によれば「日本の経済規模が五年で二倍になった。その一方で、廃棄物も二倍に増えて公害訴訟が相次いだ」。この話でもわかるように、われわれは社会の発展を「経済の伸び」というものさしだけで計り、経済の伸びに伴って生じる損害(マイナス)を忘れがちであった。

土、水、空気といった資源や環境の破壊、人の健康への影響といった視点を忘れ続ければ、やがてはわれわれ人類がよって立つ基盤は崩壊し、人類は絶滅への道を歩まざるを得ない。そのことは、すでに地球規模にまで拡大した環境破壊(オゾン層の破壊、酸性雨、温暖化など)の現象や放射能汚染、エイズ、麻薬の蔓延に現れている。明日を確実にする本当の意味での社会発展は、これまでの国民総生産(GDP)では計れなくなった。人の健康や福祉に与える影響、環境や景観の破壊、資源の減少などのマイナス面を含めて総合的に判断する発想に転換しなければならない。私はこうした考え方を「環境主義」と呼んでいる。経済の行き詰まりのなかで次々に挫折した社会主義と環境面で行き詰まりが必至の資本主義に代わる新しい思想と意義付けている。

地方自治体が中心になって地域から環境主義の政治を興そうというのが「環境自治体」である。なぜ地方かといえば、環境主義を実践する主役は住民であるからだ。政治不信の根幹は政治が国民の意思とあまりにも掛け離れてしまったことにある。健康や環境を重視する環境主義は、そこに住む人々の意思、住民自治を基調にしている。ダムや道路をつくる経済的なメリットと故郷の山河を失うデメリットを比較して総合的な判断をするのは、その地域の人々であるべきだ。そうすれば、自然豊かな山並みを削って道路を通し、日本中の山奥にダムをつくって水のない無残な川をさらし、風光明媚な海岸を埋め立てて工業地帯をつくった、公共事業複合体の無謀はまかり通らなくなるだろう。中央は複合体の力が強いうえに監視する住民がいない。その意味で政治改革は地方からしかありえない、と思う。

都市からの変革の潮流

四月からスタートする鎌倉市の新しい総合計画は、「環境自治体の創造」を基本理念にすることになった。簡単にいえば、行政のあらゆる分野、あらゆる施策に環境主義を浸透させるということだ。総合計画は地方自治法に基づく自治体のもっとも基本になる行政計画で、議会の議決を必要とする。全国的にみれば多くは依然として経済主義が優先している。環境主義への転換はおそらくはじめてだろう。

環境主義の総合計画づくりに当たっては、その主役である市民の参画をできるだけ心掛けた。ちょっと数字をあげれば、シンポジウム二回、キャンペーン一三回、地域懇談会二五回、団体懇談会四六回、計画策定の段階に応じて計画案を市の広報紙に発表すること三回、それに対する市民からの意見は約四〇〇件、市民アンケート三九〇〇人。そして市民の意見を全部印刷物にして配布し市民相互間の意見交流も図った。こんな手間をかけたのは、計画ができても市民の実践が伴わなければなにもならないし、市民に実践してもらうには計画づくりの段階から参画していることが肝要だからだ。

環境自治体はあらゆる施策に環境主義を浸透させるといっても、具体的なイメージがわかないと市議会でもずいぶん質問を受けた。私はあえて「教科書はどこにもない。みんなで考えることこそ重要だ」などと抽象的な答弁をし続けた。やはり市民参画こそが環境自治体の基本精神だからだ。この三月に、総合計画を環境主義の観点からさらに具体化した環境基本計画を策定したが、これはその精神に沿って、白紙の状態から市民がつくる形をとった。市民から公募した委員を含めた審議会が中心になり、審議会はだれでも傍聴できる公開制にし、市民とのワークショップ、関係団体との意見交換などを積み重ねて仕上げた。

できあがった環境基本計画はなかなかに意欲的だ。一八の目標を掲げて、市民、事業者、滞在者、市がやるべき施策を網羅している。例えば、第一の目標は「世代間の公平」で、「将来の世代も安全で快適に暮らせるよう、地球温暖化防止のため、二酸化炭素の排出量

（一人当たり・年間）を二〇〇五年までに二〇％削減する」。いま日本政府が国際的に約束している目安は「安定化」、つまり増加傾向を止めることだから、それに比べればはるかに意欲的といえよう。そのための施策としては、⑴自動車を使用する際は、省エネルギー型の運転を実践する、⑵公共交通機関、自転車、徒歩による交通に移行するよう努める、⑶家庭での省資源・省エネを実践、住宅の省エネ化を進めるなど二六項目が掲げられている。

以下の目標を追ってみると、「地域間の公平―世界の人々と共に生きるために、環境に関する国際協力を進める」「生命間の公平―世界の緑と生物を守るため、熱帯雨林の保全に努める」「深呼吸が楽しめるまちになるよう、二〇〇五年までに、窒素酸化物などの汚染の見られない空気を確保する」などが並んでいる。ゴミの発生量も、上水使用量も、電気使用量も、いずれも「二〇〇五年までに二〇％削減」を目標としている。

いま、世界にはもっと先進的な都市がたくさんある。二〇〇に近い都市が「環境自治体」を目指している。環境、飢餓、麻薬、エイズなど人類の生存にかかわる課題に取り組んでいる。国家や国連の対応がはかばかしくない一方で、「都市からの変革」は冷戦後の世界の大きな潮流になっている。その共通する理念が環境主義だということをもう一度強調したい。

（一九九六年五月『軍縮問題資料』）

分権に逆行する財政しわ寄せ

八月三日夕刊「窓」欄（註：『朝日新聞』一九九八年）の「ふるさと創生」の記事を読んで、ちょっと気掛かりな点があった。「自治体の自主性を奪う補助金方式はやめ、地域振興は自治体の知恵比べにまかせたらいい」といった記事の趣旨にはまったく賛成なのだが、引っかかったのは「（一九八八年）当初の（ふるさと創生）事業は、全国の約三千三百市町村に『何に使ってもいい』お金として、一律一億円を配った」という部分だ。

「約三千三百市町村」とは、全国の全市町村に配布したという意味だろう。確かに自治省もそのように説明しているから誤解が生じやすいのだが、じつは「財政力が豊か」との理由で地方交付税をもらっていない百数十の市町村、いわゆる「不交付団体」はふるさと創生事業費はもらっていないのだ。なのになぜ、自治省は「全市町村」と説明するかといえば、ここが官僚的なところなのだが、「交付税額をはじき出す計算には入っている」というのだ。つまり計算には入れたが、不交付団体はそれでも基準財政需要額を上回る自主財源があるから、実際の事業費はいかないという論理だ。

ふるさと創生事業だけなら目くじらを立てる必要もないのだが、政府はいま、あらゆる行政分野で、こうした欺瞞的な論理を使って、国の財政破綻を地方へしわ寄せしている。その実態を知ってもらわなければ、今日の政治状況は理解できない。

例えば特別減税で考えてみよう。この中には国税(所得税)ばかりでなく、市町村税(住民税)もある。政府の突然の決定に、市町村は起債(減税補てん債)で財源の手当をすることになるが、「起債の元利償還金は交付税でみている」という政府の言い分は、不交付団体にはなんの意味もない。鎌倉市が九四年度から五年間で特別減税のために借り入れた額は約一〇〇億円。利子を含めれば百数十億円になるが、すべて鎌倉市民の負担。一般会計規模が六〇〇億円だから、その額がいかに大きいかお分かりいただけよう。

厚生省は今年度から突然、がん検診、休日夜間急患センター運営事業、妊婦・乳児健康診査など多くの補助金を打ち切った。厚生省がやめると都道府県も追随する。だからといって利用者と直結している市町村は簡単には廃止できない。国や都道府県の分も負担せざるを得ない。鎌倉市の場合、厚生省関係のこうした負担増だけで今年度三億円を超える。利用者にも負担増をお願いした。「補助制度をやめて一般財源化した」という政府の説明は聞こえはいいが、これも地方交付税で措置するということで、なんのことはない不交付団体には丸ごとの押しつけだ。ダイオキシン対策にしても基準を厳しくしたのは結構だが、「財源は交付税で」という論理では、不交付団体の負担はあまりにも膨大になる。

こんな傾向が国の財政破綻と軌を一にして、ここ数年どんどん強まっている。地方分権の論議でも、中央省庁は財源を地方に譲ろうとしない。分権とは名ばかりで、実態は完全に逆行している。

地方交付税は国税五税(所得、法人、酒、消費、たばこ)の約三分の一を地方自治体に配分する国の財政調整制度だが、政府は戦後一貫して大都市部からの税収を「財政力が弱い」との理由で地方へつぎ込む政策をとってきた。それは交付税ばかりでなく国税全般についていえる。しかし、いまや国民生活の豊かさという点から見れば、その関係は逆転しているという見方もある。自治省が旧態依然たる計算式ではじき出した「財政力」が豊かだといって、いまのように不交付団体に過酷な財政のしわ寄せをしていては、納税者の反乱が起こらない保証はない。いや、不交付団体の多い大都市部で自民党が完敗した参議院選挙の結果をみると、すでに反乱ははじまっているのかもしれない。

国の地方財政調整機能を否定しようとは思わない。しかし、地方自治体の九五・六％が国の一律の基準による財政調整下にあるとは、あまりにも異常な中央集権制度だ。地方交付税の財源を本来の納税者の住む地方自治体に返し、地方交付税を受ける団体をいまの不交付団体の数(一四二団体、九六年度調べ)ぐらいに逆転させる制度改革をしなければ、地方分権の時代には合わない。

(一九九八年九月『朝日新聞』)

二一世紀を君たちの手に

二〇世紀の最大のニュースは何だろうか。人それぞれ考えは異なると思うが、米国の著名なジャーナリストや学者に一〇〇大ニュースを問うた投票結果が新聞に載っていた。それによると、一位は「米国の広島、長崎への原爆投下による第二次世界大戦の終結」、次いで、アポロ一一号の月着陸、日本軍の真珠湾奇襲攻撃、ライト兄弟の初飛行、米女性の参政権、ケネディ大統領暗殺、ドイツのユダヤ人大量虐殺の順であったという。

こんな順位を見るだけでいろんな思いがかけ巡る。二〇世紀は戦争の世紀であった。科学技術が飛躍的に発展した世紀であった。原爆に象徴される悪魔を産み落とした世紀でもあった、などなどと。

一九〇〇年にニューヨーク・タイムズスクエアを撮った写真を見ると、馬車と鉄道馬車が行き交うばかりで、自動車の姿はない。数年前に開発された自動車は「悪魔の高価な乗り物」と呼ばれて普及の気配はなかった。それが今日はどうだろう。先進国では一人に一台、途上国を含めても八人に一台、六億七〇〇〇万台の自動車が地球上を走り回っている。少年のころから空を飛ぶ夢をふくらませてきたライト兄弟が一二馬力のエンジンを乗せた複葉機を作り上げ、人類初の四二秒、三六メートルの飛行に成功したのが一九〇三年。いまは何百人乗りのジャンボジェット機が時間刻みで地球の表と裏を結びつけている。ロケットは月面へ人類を送り込むことに成功した。

この一〇〇年の科学技術の進歩はほんとうに目を見張るものがあるが、二〇世紀を振り返って考えなければならないことは、こうした科学技術の開発が戦争と深く結びつきながら推し進められてきたということであろう。そこに原爆の悲劇が生まれ、大量殺戮の思想が生まれたことは誠に残念なことであった。もう一つ、戦争ばかりでなく、自動車など生活の利便性を追い求めるばかりに発達した科学技術が地球環境の破壊をもたらし、人類をはじめとする生物の生殖機能や免疫機能に影響を及ぼす環境ホルモンといった問題まで生み出す結果を招いたことは、この世紀を締めくくる今日に生きるわれわれが大いに心しなければならない問題であろう。

二一世紀がいつからはじまるのか。二〇〇〇年からと主張する人もいないではないが、定説は二〇〇一年一月一日でほぼ世界的に合意ができている。それはともかく、今年が一九〇〇年代の最後の年、来年は二〇〇〇年代の最初の年である。われわれはいま、この一〇〇年、この一〇〇〇年を振り返り、次の一〇〇年、次の一〇〇〇年に思いを馳せる絶好の機会に立ち会っている。

私が湘南高校に通っていた四〇年前には、情報を得る手段は新聞、雑誌、ラジオ程度であった。しかもその種類はいまと比べて著しく少なかった。いまは高度情報化が急テンポに進んでいる。テレビの多チャンネル化、インターネットの普及、地球の裏側の出来事が同時に映像で茶の間に飛び込んでくる。情報があり過ぎる、情報氾濫の時代でもある。

こうした中でもっとも大切なことは、情報を適格に取捨選択し、自分で判断する能力を養うことだと思う。そのためにはなんといっても自らの基礎学力をしっかりとつけなければならない。本を読むこと、芸術や文化を楽しむこと、自然を知ること、スポーツに汗を流すこと、なにごとにつけ基本を身につけることが、例えいま無駄と思えても、きっと将来役立つことになる。それを怠って苦労した私がいうのだから間違いはない。

次の世紀は超高齢化と少子化が予測されている。二〇五〇年には日本人の人口の三分の一が六五歳以上の高齢者になる。いまは考えにくいかもしれないが、君たちも五〇年後には高齢者の仲間入りをすることになる。そのころの社会がどうなっているか。それはまさに君たちの双肩にかかっている。
人生八〇年時代。あわてることはない。ただ、基礎がぐらついていては、りっぱな建物はたたない。人生も同じことだと思う。

（一九九九年三月　湘南地区定時制高校のための『振興会報』）

【地球賛歌—篇】

地球人のまちづくり

COLUMN 1994

保険会社の猛暑

とにかく暑い。しばらく日向にいると、くらくらする。全国いたるところから「観測史上最高」のニュース。「四〇・六度」(静岡県天竜市)などと聞くと、ほとんど高熱にうなされた気分になる。

この夏、ヨーロッパに行く機会があったが、こちらも会う人ごとに「暑い、暑い」。ハンブルグ(ドイツ)では七月の平均気温が平年に比べて五・四度も高く、オランダやスウェーデンでも「一八世紀からの観測史上最高」を記録したそうだ。

熱波はこれまでにもあったが、今年の特徴は、日本、ヨーロッパばかりでなく、米国、中国、東南アジアと、北半球全体が猛暑に襲われていることだ。去年は世界中でやたらと大洪水が起こった。冷夏、熱波、洪水、干ばつ、暴風雨、森林火災、氷河の解氷……異常気象が恒例化した観がある。

これでは、だれしも「人為か?」と疑いたくなる。が、どうしたわけか、この猛暑にも、化石燃料の消費に伴う地球温暖化の関連説はあまり聞かない。新聞報道もほとんどが偏西風のルートや高気圧の配置など気象学的な説明に終始している。

なぜなのか。専門家に聞いてみると、気象学者の多くが温暖化関連説について「観測値からは、まだ証明ができていない」と消極的なのだ。気象現象には、毎年の変動もあれば、短期、長期の周期もある。ピナツボ火山の噴火のような気象かく乱の要因もある。異常気象が自然の本来持つ変動幅の一部なのか、そうではないのか確信をもって判断できない、というわけだ。予測違いの手痛い経験も持つだけに、あつものに懲りてなますを吹く面もなくはない。

ここ数年の異常気象の連鎖をもっとも深刻に受けとめているのは保険業界だ。自然災害に対する支払い額はうなぎ登りで、「一九八三年から一〇年間の自然災害による保険損失は、六〇年代の一二倍に達している」（ドイツの再保険会社）との数字もある。「気候変動は保険産業の死活問題」（アメリカ再保険協会）の悲鳴が上がっている。日本のある保険会社は、台風の頻発について温暖化起因説をとり「多くの人が自然災害の急増の原因と考えている地球規模の気候変動は、今後も続くと予想される」と述べた。

ゴア米副大統領は著書で、浅間山噴火などを例に「気候と文明の歴史」を検証し、「火山噴火に関連した一時的な気候変化とは違って、何百年、何千年にわたって続くかもしれない気候変動をわれわれは不注意にも始めつつある。われわれが歴史から何も学ばないなら、われわれは未来にどんな遺産を残すことになるだろうか」と警告している。

雨水循環

「魚は江湖にあい忘る」

という言葉が中国にある。

魚は陸にあげられると水のない苦しさに仲間の口から出す泡を吸って呼吸をするが、大きな川、大きな湖に放せばすぐに水のあることを忘れてしまう。そんな広い世界にこそほんとうの生活がある、との意味だ。

われわれの生活も江湖の魚のようにありたい。が、どうも水資源を意識せずにはいられなくなってきた。世界の人口の三分の一には安全な水がない。爆発する都市人口の飲料水をどう確保するか、途上国だけでなく、先進国のなかでさえ深刻な水争いが起こっている。日本が近年にない渇水騒ぎに揺れたこの夏、「雨水利用は地球を救う――雨と都市の共生をもとめて」をテーマにした国際会議が東京で開かれた。一七カ国の学者や市民から報告があった。

途上国では表層水や地下水が汚染されていて飲用に適さないところが多い。タイでは国家プロジェクトとして雨水をためる二トン瓶を五年間で九〇〇万基以上つくった。地下水に塩分が多い中国の南東部沿岸でも、家庭用雨水タンクが脚光を浴びているという。

長年マレーシアから水を買ってきたシンガポールは、空港に降る雨水を集めてトイレなど飲用以外の用途に使うことにした。タンザニアの研究者は水供給の担い手である女性の解放という立場からも雨水の利用が重要であることを訴えた。地下水の汲み上げによる生態系への影響が不安なドイツでは、家庭での雨水利用や地下浸透設備の建設に補助金を出している。

雨は「天の恵み」。古今東西、人々は雨を大切にしてきた。恵みを軽んじる風潮は、工業化文明が全盛となった今世紀以降のことだろう。文明社会はとかく、水は水道の蛇口をひねれば出ると思い込ませる側面がある。そうしたおごりに対する自然からのしっぺ返しがいま、われわれに襲いかかっている。

雨水会議の各国参加者に共通している発想は、「遠くのダムより、近くの雨水」。自然の水循環を破壊しがちな大規模ダムや潅漑を反省し、雨という「自然の蒸留水」を地域で大切に使うべきとする。それは古来からの人類の知恵であった。自然の法則に合った循環型社会を取り戻さないと、われわれ自身が自らを陸にあがった魚にしてしまう。

南北と宗教

世界の人口はいま約五五億人。これから毎年、一億人近い割合で増え続け、二〇五〇年には一〇〇億人に達する。国連の中位推計値といわれる標準的な見通しで、各種の基礎数字として使われている。

もちろん不確定な要因が多いから必ずしも当たるとは限らない。ちなみに二〇五〇年人口は低位と高位の推計値で八〇億～一二五億人の開きがある。

この増え続ける人口問題をどう考えるか。一〇年ぶりに開かれた国連の国際人口・開発会議(カイロ)は、女性の自己決定権を保障する新しい理念「リプロダクティブ・ライツ(性と生殖に関する権利)」を基本とする行動計画を採択して閉会したが、会議には二つの対立があった。

一つは南北のそれ。人口問題というと、とかく途上国の人口爆発によって引き起こされる環境への負荷の増大、資源の枯渇、食糧不足といったとらえ方をされる傾向がある。スリランカのグループは怒りを込めて宣言した。「第三世界の女性たちは、地球上でもっとも消費量が少ないのに、人口統計上では環境破壊の極悪人にされている」と。

確かに人口問題を人口統計だけで論じるのは不合理だ。一人当たりエネルギー消費でみれば、例えば日本はエチオピアの一八〇倍。つまり毎年四〇万人の日本の人口増加は、エチオピアの七二〇〇万人に当たる。地球住民の五分の一が地球資源の五分の四を使っている「北」の過剰消費を無視するわけにはいかない。

もう一つは宗教上の対立。バチカン(ローマ法王庁)をはじめとするカトリック諸国とイラン、リビアなどのイスラム諸国は「中絶容認」を強く拒絶した。イスラムは人為的避妊を認めないわけではないが、バチカンは「禁欲」以外の家族計画は認めない。会議の過半は中絶の是非論だったという。

それでもカイロ会議は世界の共通認識づくりに大きな前進があったと思う。バチカンはこれまでの人口会議では、行動計画や勧告の採決には参加すらしなかったのだから。少なくとも人口問題のタブー視は薄れた。

NGO

「お父さんやお母さんは忙しすぎてゆっくり地球の未来を考えるゆとりがありません。どうぞ大人のみなさん、地球の未来を引き継ぐ僕たちの声を忘れないでください」

世界の政治家や政府、国際機関の有力者による一〇月の地球環境東京会議で、中川隆太郎君(熊本・小学六年生)は、こんな言葉で「子どもたちからのメッセージ」を締めくくった。会場から大きな拍手が起こった。

メッセージは、この会議に先立って鎌倉・高徳院で開催された子どもシンポジウムがまとめた。「忙しすぎる働き方を変えよう」「贅沢な暮らしをキャンプを通じて見直そう」など、一〇の提言が骨子になっていた。核心を衝いた、しかもユニークな内容に参加者の評価は高かった。

東京会議では、市民活動のあり方を事前討議した大阪シンポジウムからの報告もあった。世界の六〇〇以上の自然保護団体で組織する国際自然保護連合（ＩＵＣＮ）や日本の市民運動団体の連合体である「市民フォーラム２００１」の事務局長も、ＮＧＯ（市民組織）の立場から問題提起した。学者、ジャーナリストも議論に加わり、会議の結論をまとめた東京宣言には市民派の意見が色濃くにじんだ。

日本はなんといっても官主導の国家だ。とくに諸外国と関わる国際会議は、「国家秘密の保持」などを理由に官僚が一手に腕を振るってきた傾向がある。ところが、最近、その政府が国際会議にＮＧＯの参加を促すようになった。例えば、九月の国際人口開発会議（カイロ会議）では、政府代表団に三人のＮＧＯ代表を加えた。河野洋平外相・副総理が頼み込んだほどだ。

なぜか。諸外国では国際会議へのＮＧＯ参加はごくあたり前になり、いわば国際的な世間体が保てなくなったという事情がある。

国家は国境という壁があるが、ＮＧＯには国境がない。人口、環境、麻薬、エイズといった地球規模の問題に対処するためには、地球市民の協力なしにはできない。そんな時代認識が日本にも少しずつ築かれつつある。

天災と人災

阪神大震災が起こってすぐ二冊の本を読み返してみた。

一冊は関東大震災の被災状況を記録した『鎌倉震災誌』(昭和五年、鎌倉町発行)。一瞬にしてほぼ全域の家屋が崩れ落ち、各所から発生した火災は急に起こった強風に煽られて拡大、「遥か沖合に黒光りして山のごとき大浪が立ち、遠雷のごとき音響を立てて」津波が襲った。

震災誌は、死者四一二人(鎌倉町だけ)を出した惨劇の様子を蘇らせる。学校、郵便局などの公共施設も壊滅した。町役場では職員が倒壊建物の下敷きになった。余震と火災の危険な状況のなかで、町長は二時間後、一番最後にようやく救出された。

もう一冊は、『寺田寅彦随筆集』(岩波文庫)。いうまでもなく寅彦は物理学者かつ夏目漱石に師事した文人で、「天災は忘れたころくる」の名言を遺した。私が随筆集に収められる小論『天災と国防』(昭和九年、経済往来社刊)に強く引かれるのは、その論理の骨格をなしている「天災と文明の関係」についての鋭い洞察にある。

彼は「文明が進めば進むほど天然の暴威による災害が、その激烈の度を増すという事実」に着目し、「文明が進むに従って人間は次第に自然を征服しようとする野心を生じた。災害の運動エネルギーとなるべき位置エネルギーを蓄積させ、いやが上にも災害を大きくするように努力しているものは誰あろう文明人そのものなのである」と断じる。

また、横浜から鎌倉の被害状況を視察したことに関連して、こう述べている。

「昔の人は過去の経験を大切に保存し蓄積してその教えに頼ることが甚だ忠実であった。過去の地震や風害に堪えたような場所にのみ集落を保存し、時の試練に堪えたような建築様式のみを墨守してきた。文明の力を買被って自然を侮り過ぎた」

天災と文明の過信による人災。六〇年後に起こった阪神大震災の本質をあまりにも見事に突いている。

世紀末

二〇世紀も残り僅かになった。正確に言えば、来世紀は二〇〇一年からだろうから、六年後に迫ったわけだが、気の早いマスコミは二〇〇〇年から新世紀扱いしかねないので、そうなると「あと五年」ということになる。

今世紀初頭の世界人口は一六・五億人。国連の推計によると、二〇〇〇年には六二・五億人になる。じつに三・八倍。一九世紀の百年間が一・七倍だったことと比べても、今世紀の人口急増はすさまじいものがある。

人類は一万年前に農業革命に成功した。人々は耕作地に定住化することになったが、人口が二倍になるのに一〇〇〇年ほどの期間がかかった。二〇〇年前に産業革命が起こった。農業革命よりはるかに多くの人口増加を可能にした。とくに今世紀後半の加速化は甚だしく「三七、八年で二倍増」という桁違いのハイ・ペースに達している。

こうした人類の爆発的な活動量の増加が、自然環境に対する圧力を著しく高めることになった。『地球白書』で名高いワールドウォッチ研究所(ワシントン)のレスター・ブラウン所長は、農業革命、産業革命に次ぐ、第三の「環境革命」、つまり自然とのバランスを取り戻す経済改革の必要性を早くから指摘してきたが、「環境革命はここ二、三〇年のうちに達成しなければならない。さもなければ人類は取り返しのつかないことになる」と警告する。時間はない。「世紀末」という言葉は、一九世紀末にヨーロッパで流行った。詩人や作家が理想からかけ離れる現実に絶望して退廃的な終末論を唱えた。それから一〇〇年。この世紀末は、環境革命を軌道に乗せられるかどうかが試されている。

自転車通勤

「気候変動に関する世界自治体サミット」といういささか堅苦しい名前の国際会議に参加した。要は、地球の温暖化など人類の将来を左右する環境問題に積極的に取り組む首長が、その経験を交流しようという趣旨。四十数人の市長(日本は私ひとり)をはじめ、六五カ国から

抜かれた。

会議はドイツのベルリンで三月末に開かれたが、私は初日の歓迎レセプションで度肝を抜かれた。

隣り合わせたオランダ・ナールドヴェイク市のラープホルスト市長室次長が「なにで来たか」と聞く。私は「飛行機で一九時間かかった」と答えた。すると彼は「自分は自転車で来た」という。私は「宿泊先からなら徒歩だ」と言い直したが、それを遮って発した彼の次の言葉に、「ほんとうか」と叫んでしまった。

「私の街から一六人で自転車隊を編成し、五日かかっていま着いたばかりだ」

同市はドイツからは遠いオランダ西部地域、ハーグの南西に位置する人口三万人足らずの小さな街。ベルリンまでは八〇〇キロもある。彼は「オランダ国内は安心して走れたが、ドイツは危ないところがあった」と、お国の自転車道自慢も忘れなかった。

自治体サミットの会期中、彼らは会議場に自転車を持ち込み、オランダの新しい交通政策をPRした。「通勤は自転車に乗って！」という名前の財団を同市に設立、全交通の七〇%は五キロ以下の移動であることに着目して、この短距離交通を自動車より自転車の方が、安全で、早く、快適にする計画を推進している。達成目標は二〇一〇年。これで温暖化ガスを一〇%減らすことができるという。

玉縄桜

「住民は皮膚の色が白く礼節の正しい優雅な偶像教徒であって、国人はだれでも莫大な黄金を所有している。国王の一大宮殿は、屋根はすべて純金で葺かれ、数ある部屋の床も指二本幅の厚さをもつ純金で敷きつめられている」

マルコ・ポーロが『東方見聞録』で、中国大陸の東方海上に浮かぶ未踏の島として紹介した「ジパング(日本)」は、欧州諸国の欲望を刺激することになるが、それは奥州藤原氏の築いた仏都平泉(岩手県)、中尊寺の金色堂に代表される藤原文化についての伝聞であろうといわれる。

平泉町は、奥州藤原氏が平泉に館を移して九〇〇年に当たるといわれる今年、七カ月に及ぶ長期祭典「蘇れ黄金・平泉祭」を企画。四月末からの連休中に開かれたオープニングイベントに、鶴岡八幡宮宮司の白井永二氏、鎌倉彫協同組合長の後藤俊太郎氏らとともに、私も招待された。『源氏の血が憎い』といった狭量な歴史観を来世紀まで引きずってはならない」と、鎌倉との交流が企画の柱になったという。

私は、この話をはじめて聞いたとき、驚いた。頼朝は平泉に落ち延びた義経を追討し、藤原氏を滅ぼしたのは紛れもない史実だが、平泉の人々の心に頼朝の本拠地に対するわだかまりが残っているとは知らなかった。

私は土産に思案した。そして鎌倉生まれ（県立フラワーセンター産）の「玉縄桜」の苗木を選んだ。じつは、一九五〇年、金色堂に眠る藤原一族の棺を開ける遺体調査が行われたとき、調査団に加わった鎌倉在住の作家大仏次郎さんが桜の枝を鎌倉から持参、棺にそっと手向けたことが、平泉の人々の心を大変和ませたと本で知ったからだ。

秋には平泉の桜が八幡宮境内に植えられるという。歴史の尾を断つとする平泉祭の心を、宗教、民族紛争の絶えない世界に拡大したいものだ。

とえる

大分県湯布院町で開かれた環境自治体会議で、徳島県木頭村の藤田恵村長に会った。木頭村といえば、四国の清流、那賀川の最上流部に位置する人口二〇〇〇人の山村。建設省のダム建設計画に反対し、昨年末、わが国初の「ダム建設阻止条例」をつくったことで知られる。一度、面会したいと待望していた人だ。

四角い風貌、飾り気のない語り口。村長は条例制定の動機を、こう説明した。

「ダムが建設されれば村は壊滅する、と悲壮な決意で二十数年間反対をしておるわけですが、反対反対と、とえとっても（『とえる』は方言で『大きな声を発する』の意）しょうがない。権利はすべて戦い取るもの。制約はあるにしても、自治体として法的にきちっと主張しておく必要があると考えたわけです」

条例は前文で「村に巨大ダムはいらない。村は美しい森と清流と共に生きていくことを自治権の主体として選択する」と明言。本文では建設阻止のための諸施策として、計画の届出、調査、中止勧告、影響評価などの手続きを規定した。国の政策に対抗して、これほど地域住民の意思を明示した条例はない。

国・県は村にダム建設を執拗に働きかけてきた。村内にも「国に逆らうべきでない」と推進の動きはあった。が、大多数の村民の意思(有権者の七五%が白紙撤回を要求)が次第に議会を変え、新村長を生み、村一体のダム阻止機運が条例の礎になった。

環境を大切にした地域づくりに取り組む自治体の長や職員、市民団体の活動家が、お互いの経験や情報を交換する環境自治体会議は、今年四回目になる。全国七二の自治体から約三五〇人が参加した。藤田村長は会議のことを直前に聞きつけて、すべての出張、会議をキャンセルして飛んできたという。

「ニンビー」

昨年オープンした湘南国際村(葉山町)がめっきり村らしくなってきた。立ち寄るたびに新しい施設が建ち上がり、会議参加者たちのにぎやかな会話が聞こえてくる。

七月中旬、かながわ学術研究交流財団と米国大使館アメリカン・センター主催のセミナー「持続可能な経済成長と環境」が開かれた。大学、官庁、企業、民間団体(NGO)の専門家が集まった。米国テンプル大学のロバート・メイスン準教授の基調講演を聞いて、私は米国に「ニンビー」という言葉があることをはじめて知った。

彼は最近の米国の環境NGOの動向について、地球規模の視野と専門的な知識をもったプロ的な集団に成長し、国際、国内両面で大きな役割を果たしているとの基本的な認識を示したうえで、二つの新しい現象を紹介した。一つは、自分の家の近くで行われる事業に反対する地元グループが各地に発生していること。もう一つは、環境運動に敵対する反環境グループの誕生が見られることだ。

「ニンビー(NIMBY)」とは、その前者のこと。「自分の裏庭は困る(not in my back yard)」の頭文字をとった呼称だ。事業者や政府関係者が地域エゴ的運動を揶揄して使うらしい。彼もこうした運動には否定的で、「裏庭だけの狭い見方ではなく、地域全体の利益や地球的な視野を持つように勉強してもらわないと」と注文をつけた。

事業者や政府が開発エゴを押し通した時代があった。ニンビー現象はその反動だろうが、関心を持つことこそ、すべてのことの始まりという意味では、「ニンビー」からの出発にも期待すべきだろう。議論の中でお互いが成長し合意を創る。それが市民参加の政治だと思う。

文民大国

夏休みは北海道旅行に出た。予定された日程は講演一つだったので、前もって切符も宿も用意せずに気が向くまま、久しぶりに旅らしい旅を楽しませてもらった。(緊急連絡用のポケットベルを胸に)。

一週間の旅はまた、活字に親しむ格好の機会でもあった。宿や車中の暇に飽かせて読もうと数冊の本を持参した。時節柄、戦後ものを選んだ。新聞、雑誌も戦後五〇年を記念する意欲的な特集を組んでいた。なかでも私が感動したのは、新聞でみた前ドイツ大統領ワイツゼッカー氏の来日講演だった。

「自らの歴史と取り組もうとしない人は、自分がいま、なぜ、そこにいるのかが理解できない。過去を否定する人は、過去を繰り返す危険を冒している」

氏は「歴史に学ぶ」という基本的な視点から戦後のドイツと日本、そして世界を縦横に語った。公正にして寛容な精神に溢れる論理、良心と勇気に貫かれた政治判断、明快にして平易に語りかける言葉、まさに傑出した「哲人政治家」のスピーチだった。

氏は結論的に国連が設立当初には考えていなかった「新たな危険」に触れた。それは人口増加、少数民族の人権侵害、飢餓、難民、資源の浪費、環境破壊など非軍事面の危険であり、①国連は軍事を中心とした一方的な安全保障の概念を捨てる必要がある、②非核保有国である日本とドイツはその国連改革に大きな貢献ができる、③私たちが学ぶべきは軍事国家になることではなく「非軍事国家（文民大国）」としての連帯だ、との見解を明らかにした。

そのためには「環境や人権で行動する市民パワーが必要だ」とも付け加えた。文民大国を築けるかどうかのカギは市民パワーにあり、その意味では地方自治体の役割が大切——西ベルリン市長の経歴も持つワイツゼッカー氏の演説をそんな意味に読んだ。

女性会議

この夏、世界各国で活躍する女性議長の一行七人が鎌倉を訪れた。土井たか子衆院議長からの依頼で、私が案内役をつとめたが、東京での世界女性議長会議、北京での世界女性会議への出席を前に、一日のんびりと日本の風情に触れたいという希望だった。

どこにお連れするか思案の揚げ句、まず、日本画家、小倉遊亀さんにお会い願うことにした。ことし一〇〇歳にして、なお意欲的な創作活動にいそしむ日々。その元気こそ、なにものにもまさる日本女性の至宝と考えた。端正な小倉さんの身のこなしと自然と溶け合う居宅のたたずまいに、女性政治家の一行は何度も感嘆の言葉をもらした。

建長寺は座禅道場を見学した。ここは「女人禁制」の地。「女性がここに入るのは皆さんがはじめてです」と案内の僧。一人半畳の空間で修行生活を送る禅の作法の解説を聞きながら、男だけの世界に好奇の目を見張った。

昼食は、「駆け込み寺」の東慶寺で。理不尽な夫から女性を救済する尼寺であった歴史を川柳まじりで説明した老僧が、「その後はこんな川柳も」と披露したのは、「男にも一つはほしい松ヶ岡(東慶寺のこと)」。

男は私一人という緊張の食卓で、話題は南アフリカや旧ユーゴ紛争、核実験、地球環境問題、鎌倉の歴史など多岐にわたった。閣僚や国会議員の女性比率をめぐって、ノルウェーやスウェーデンの四十数%といった数字がひとしきり関心を呼ぶ中で、突然大きな笑い声が起こったのは、矛先が日本に向けられた時だった。

「いま閣僚には女性ゼロ。女性問題担当相は男性です」

鶴岡八幡宮の巫女(みこ)の舞い、「美男におわす」(与謝野晶子)大仏でも、ひとときを楽しんだ。後日、土井議長から電話があった。「北京では鎌倉の話題で持ちきりでした」。

ギャップ

英国から二人の可愛いらしい女性訪問客があった。二人とも高校を卒業したばかり、あどけなさの残る一八歳。九月末から聖テレジア病院(腰越二丁目)で入院患者の介護に携わっているという。

K・ヒューズさんはリーズ大学に、L・シーウェルさんはオックスフォード大学に、それぞれ進学が決まっているが、入学は来年九月にして、その前に、日本を知り、日本語を学ぶ旅にでた。

病院の寮に住み込み、食事は病院の給食。夜は近くで開いている日本語勉強会に、休日は自転車で鎌倉を走り、高校生と交流、と精力的に日本社会に接している。「東京のような大都会より自然や歴史の豊かな街を希望した。こんなすばらしい鎌倉にこられてほんとうによかった」と嬉しそうに微笑んだ。

英国大使館の話によると、英国には、高校卒業生を対象に、国際理解を促進するため、海外での活動経験を積む制度がある。本人の意思によって大学入学の時期を一年遅らせ、その間を活用することから「ギャップ」と呼ばれる。

渡航費など活動資金は英国企業の寄付。一九七二年の制度発足から、すでに三八カ国に一五〇〇〇人以上が派遣され、病人、障害者、高齢者の介護、学校での語学指導、自然保護、農作業などのボランティア活動に当たっている。いわば大学入学前の武者修業だが、活動歴は大学卒業後の就職の際に一定の評価を受けるという。

多感な年ごろのこうした経験はその人の精神形成に大きな影響を与えるに違いない。英国病などと斜陽化を指摘されながらも、さすが世界をリードしてきた国際国家の若者育成はすごいと感心した。

二人は来年三月には帰国する。大学入学までの残り半年は、学資を貯金するアルバイトをするという。ほんとうにしっかりした若者たちだ。

環境市長

この秋は、「環境自治体」がちょっとしたブームになった。環境に配慮した都市づくりをテーマにした国際会議が日本で相次いだからだ。

埼玉県大宮市では、国際環境自治体協議会(ＩＣＬＥＩ)が主催する「第三回気候変動に関する世界自治体サミット」が開かれ、五五カ国、二〇二の自治体が参加した。横浜市では、六二カ国、一八六の自治体が集まって、神奈川県と環境庁主催の「環境にやさしい〝まち・くらし〟世界会議」。世界中からさまざまな事例が報告され、共通の認識と新しい輪が広がったことは、「環境自治体」を目指す本市にとっても意義深いことだった。

市内でも二つのシンポジウムが開かれた。一つはドイツ・ハイデルベルクのベアーテ・ヴェーバー市長を、もう一つは同・フライブルクのロルフ・ベーメ市長を招いて経験を話し合った。いずれも世界的に有名な環境自治体をつくり上げてきた「環境市長」だ。二人の環境市長とお付き合いして印象深かったことは、決して仕事を官僚任せにすることなく、自分自身で考え、独自の言葉で語り、自ら行動することであった。国際会議の宣言やコミュニケ作成は、裏方の官僚に任せきりになるのが普通だが、ベーメ市長は神奈川会議でも、宣言案をとりまとめる起草委員会に夜遅くまで出席して発言した。論客として名高い女性市長のヴェーバーさんは二つの国際会議を前に帰国したが、「私の分まで発言してください」と私に言い残していった。

私は二人の先輩を見習うことにした。二つの会議で、いくつかの提案をした。幸い、埼玉宣言の「核兵器廃絶」の項目追加や神奈川宣言の「二〇％クラブ」の構想などいずれも受け入れられた。会議参加を大いに実感した。

ボランティアのすすめ

今年の成人式には新成人の六〇％を超す千五百余人が参加した。昨年より五％増えた。朝のうちぐずついた天候だったにもかかわらず会場の芸術館は晴れ着姿で大いに華やいだ。

成人の日の催しのあり方について、ニュースキャスターの筑紫哲也氏が、いっそ式典や講話はやめて同窓会にしてしまっては、と提案していた。全国どこでも、二〇歳が一堂に集まるこの日は、久しぶりの旧友たちとの再会なだけに、どうしてもおしゃべりに熱が入る者が多く、公式行事はざわついた雰囲気になる。

鎌倉市も例外ではなく、昨年からいくつかの改善策をとってきた。式はなるべく簡素に短時間にした。おしゃべりをしていたい人を無理に式典のホールに入れるやり方は避けて、「入ったら静かに」のアナウンスにとどめることにした。いったん会場を暗くする策もとった。今年はずいぶん静粛になった。

私は式典のあいさつで前途有為なこの若者たちに一つの提言をした。仕事や勉強、家庭での役割とは別に、なにか一つ自分の力でできるボランティア活動にチャレンジしてみてほしい、という「ボランティアのすすめ」だ。

カルト集団の狂信的な行動、学校でのいじめの続発、金融機関の経営破綻、政治不信の拡大、社会の歯車はいまどこか狂ってしまった。明治の近代化、戦後の民主化に次ぐ社会の変革が求められている。古今東西、こうした社会の困難を克服し、確実な未来を切り開いてきたのは若者だ。

福祉、環境、国際協力、ボランティアの分野は無限にある。若者らしく勇気をだして当たってほしい。それは職場や大学では学ぶことのできない貴重な高等教育の場になるだろう、というのが提言の趣旨だ。若者に元気がなくては社会は衰退する。

水不足

この冬は世界中から寒波のニュースが届いた。日本も日本海側を中心に豪雪に見舞われた。その一方で、神奈川県は異例の水不足。昨夏からのカラカラ天気が災いして三つの水がめは例年の半分以下。史上初の冬の渇水対策本部設置となった。

暑かったり、寒かったり、洪水だったり、干ばつだったり、とにかくここ数年、異常気象が続いている。生活や生産活動に伴って発生する排気ガスが原因という人為説も指摘されているだけに、われわれも自らのライフスタイルにもっと関心を払わなければならない。

県水道局の節水を呼びかけるビラには「歯磨きはコップに汲んでから」「シャワーはこまめに止めて」「洗車は控えめに」「洗濯はまとめ洗いとためすすぎ」「風呂の水も再利用」など

の注意が書かれている。このピンチをしのぐためにできるだけ多くの人に実行してほしいが、環境保全の観点からみれば、こうした心掛けは急場のことだけでなく日常化する必要がある。

日本は世界中でもっとも水資源の豊かな国だ。水道の蛇口をひねれば水はいくらでも出ると思っている人も多い。が、水の確保にはかなり無理をしてきたのが実情だ。山奥までダムが連なり、全国至るところで流れを失った川が無残な姿をさらしている。

高度経済成長期には日本列島改造論のように水を遠くから調達する発想が主流だった。それが環境破壊を招いた。雨水など身近にある資源を有効に利用しようというのが鎌倉市の進める環境自治体の発想だ。不用になった浄化槽を洗車や散水用の天水桶に転用する補助制度も発足している。市民参画でつくりあげた環境基本計画では、一人当たり上水使用量を二〇〇五年までに二〇％削減する目標を立てた。ご協力をお願いしたい。

相続税

工業文明がもたらした地球破壊の代表格である温暖化について、政府の政策を検討している「地球的規模の環境問題に関する懇談会・地球温暖化問題に関する特別委員会」から、私に自治体の意見を聞きたいと申し込まれた。

「地球環境問題の解決は国よりも自治体が主役」が持論の私としては、いい機会なので喜んで出席した。市民参画でできあがったばかりの環境基本計画やエコオフィス化運動など鎌倉市の取り組みを説明するとともに、自治体が施策を進めるうえでの問題点や国の政策への提案などいくつかの意見を述べてきた。

そのなかで一つ、「鎌倉市としてとくに指摘したい点」として相続税に関する提案をした。温暖化と相続税とどんな関係があるのかと思われる方もあるかもしれないが、これが大いに関係がある。

温暖化の最大の原因になっているのは石油や石炭などの燃焼に伴って排出される二酸化炭素（CO_2）だが、一方でこのCO_2を吸収する役目をしているのが森林であり、今日の地球温暖化は化石燃料の大量消費と森林の破壊という両面で進行している。都市の緑についてみれば、相続税がその破壊の一翼を担っているというのが私の論拠だ。

個人所有の山林は、相続税を納めるために、開発業者に買い取られるケースが多い。物納制度もあるが、売却の方が高額になるし、たとえ物納されても国税当局は競売にかけて売却してしまう。

つまり現行の相続税制度は山林を土地の価格でしかみていない。緑の持つCO_2吸収の機能や自然生態系の維持、人々に与える潤いや景観などを含めた総合的な価値でとらえ、山林所有者にとっても物納が有利となるように制度を改めるべきというのが私の提案。税制も経済至上主義から環境主義へ転換する時だ。

職権濫用

不徳なことに私は、ある上級官庁から「職権濫用」との指摘を受けた。法律論の堅い話で恐縮だが、我慢して読んでいただきたい。

上級官庁とは都市計画法上の処分に関して不服申し立てを取り扱う「神奈川県開発審査会」という県の付属機関で、鎌倉市がパチンコ店(梶原地区)建設のための開発許可申請を不許可処分にしたことについて、「権限の濫用、違法もしくは著しく不当」と断じて、市の不許可処分を取り消す裁決を下した。

この裁決が市に届いた日、新聞社から求められて私は次のような談話を発表した。

「本市のこれまでの対応については周辺公共物の現況、経緯などを踏まえたものであり、諸法規、判例に照らしても妥当なものであったと確信している。審査会の裁決については、これから内容を十分に拝見し、適切な対応をしたいと思っている」

この言葉通り、私は不許可処分に十分な自信がある。裁決書の論理には不可解な点が多々ある。そのことはしかるべき場でじっくり論じることにするが、一点だけ言及すれば、審査会は「市が公共施設の管理上、不同意とする理由はない」という見解を「不許可処分取り消し」を導く論理の根幹にしていることだ。審査会には公共施設の管理者の同意・不同意の是非を論じる権限はない。その点から、専門家の間には「審査会の職権濫用」という見解もある。

住専問題に象徴されるように、日本はいま「バブル経済」の後始末に揺らいでいる。理不尽な開発を考え直さなければならない。そのことに多くの人が気付いた。鎌倉市が目指す「環境自治体の創造」は、そんな意識に根差している。

いつの時代も「変革」は、下が上を、民意が権威を覆して成し遂げられた。環境自治体の本領を発揮したい。

足と目

市内のある私立中高等学校の文化祭を見に行った。日頃のクラブ活動の成果を披露する恒例行事だが、そのスローガンが振るっていた。

「ＢＯＺＵ～Ｉ ｗａｎｎａ ｓｈｉｎｅ」（坊主～私は輝きたい）

「一切の虚飾を取り払って、ありのままの自分でやろう」という決意の表明だそうだ。なかなか機知に富んでいておもしろい。

輝きたい若さに、はち切れんばかりの校内はしばしば足を釘付けにさせた。その一つに郷土研究部がある。鎌倉の古道をさまざまな角度から調べた研究を展示していた。

私が力作と感じたのは、『吾妻鏡』や『新編鎌倉志』など歴史書の記載を含めて豊富な文献資料に裏付けられていること、それに加えて、それぞれの古道の「いま」を自らの足と自らの目で丹念に追跡調査していることだ。昔の人は、鎌倉の街を、三方から囲む山々を城壁に、海を水堀に、幕府や鶴岡八幡宮を本丸に見立てて、「鎌倉城」と呼んだ、といった考察にも及んでいる。

生徒の話を聞いてさらに感心したのは、この研究は先輩から引き継がれて三〇年近い歴史をもつという。薄茶に変色した発足当初の研究報告書も探してきてくれた。ガリ版刷りの『鎌倉の切通し』と題するこの冊子には「歩けば歩くほど、鎌倉のよさを心にしみて感じた」とあった。

歴史はけっして固定的なものではない。その時代時代に生きるものが、それぞれの目で、それぞれの価値観で、とらえるべきものだろう。若者がこれほど熱心に、しかも継続して、郷土の歴史を見つめているのは頼もしい限りだ。

他の学校にも、市民団体にも、個人でも、同じような活動はある。そのエネルギーを将来のまちづくりに生かしたい思う。鎌倉市は、そんな仕事をするために、全国的にも珍しい市民活動部をつくった。

小樽のひと

北海道・小樽からうれしい土産話をもった客がみえた。峰山冨美さん。「小樽運河を守る会」の元会長。八二歳。

かつて北国の「ウォール街」と呼ばれ、日本の近代化を象徴する商都として名声を博した小樽。戦後、大陸への航路を失い、ニシンの不漁、太平洋岸の発展もわざわいして、街は衰退の一途をたどるが、いま再び、年間五〇〇万人が訪れる観光都市として、その栄光を取り戻した。

この起死回生策となったのが運河の保存を中心とする小樽の歴史を生かす街並みづくりだったが、峰山さんは二〇年を超す運動を振り返りながら意外なことを口にした。

「鎌倉から始まったんです。あの感動は忘れません」

峰山さんの話によると、運河を守る運動は一九七三年、会社員や教師、自営業者ら二〇人ほどで始められた。運河の埋め立てで六車線道路を建設し小樽経済の再生を図ろうとする市と商工会議所の圧倒的な開発促進論に押しつぶされがちな小さな運動だったが、大きな転機になったのが七八年、鎌倉(婦人子供会館)で開かれた全国町並み保存連盟の「町並みゼミ」だった。

小樽の実情を伝える峰山さんの話が終わると、多くの参加者が峰山さんの肩をたたいて「頑張ってください。力になりますよ」と励ました。それは都市計画、文化財、自然保護などの各界の専門家たちだった。その人たちを通じて小樽運河の保存運動は一気に全国へ支援の輪を広げることになった、というのだ。

峰山さんはいま、運河が半分になってしまったことが残念でならない。が、その一方で、保存運動は市民に心の遺産を遺したと得心する。

「老若男女、市民のみんなが小樽の歴史、文化、先人たちの生きざまと遺産に目を向け、まちに生きる喜びを共感し合えたことは、何ものにも代えがたい喜びです」

自然暦

私はいままで一度も使ったことのなかった旧暦のカレンダーを最近、自分の部屋に掛けてみた。

一九九六年版のこの暦は、九五年一一月から始まる。今年の元旦は旧暦では一一月一一日に当たるからで、この『広報かまくら』が発行される八月一日は旧六月一七日。五月雨

（梅雨）が明けた後の水無月（みなづき）の中旬に位置している。

「春—訪れは遅く余寒が厳しい」「夏—到来が早く平均的な暑さ」と旧暦から分析した長期気象予報も鋭い。六月の旬は、メロン、キュウリ、ミョウガ、カボチャ、サザエ、ウナギなどと季節の食物、花、釣り情報もあって、なかなか楽しい。

太平洋諸島と草の根の国際交流を続けている社団法人・大阪南太平洋協会（ASPA）という民間団体が発行している。カレンダーの監修者である小林弦彦氏（繊維会社役員）が送ってくれた。協会は豊かな自然とそこに住む人々との触れ合いによって、お互い豊かな人間性を育むことを目的にしており、カレンダー発行もその活動の一環だという。

日本でいま使っている暦は太陽の運行に合わせた太陽暦（グレゴリオ暦）。旧暦は月の満ち欠けに合わせた太陰暦をもとに太陽暦とのずれを調整（一九年に七回「うるう月」を入れる）した太陰太陽暦で四〇〇〇年前に中国で「農暦」として用いられ始めた自然暦だ。小林氏は「モンスーン地域の自然にもっとも合ったアジアの地方暦。生活の羅針盤になる大切な文化遺産」という。

七草、ひな祭り、七夕、お盆…。考えてみれば自然の変化と結び付いた年中行事や風習の季節感が合わないのは、明治五（一八七二）年の旧暦廃止の際に、旧暦の日付をそのまま新暦に読み替えてしまったからだ。和歌や俳句、古典を読むにも、この自然暦は役に立つ。

ごみ切符

今夏の鎌倉花火大会の人出は三〇万人、七年ぶりのにぎわいだった。例年のことながら困るのは後に残される膨大な散乱ごみ。翌朝、海岸とその周辺道路で収集したごみの量は一八・八五トン。昨年と比べると〇・五三トン増えた。

ただ、人出とごみの量を比較してみると、今年は一人当たり六二・八グラム。昨年は七九・七グラム。二〇％以上も減ったという点には大いに着目したい。「ごみは持ち帰ろう」という意識がだんだん育ってきているに違いない。

花火に先立つ「かまくらビーチカーニバル」も今年はこれまで最高の一三万一〇〇〇人の入場者があったが、ここでもごみに関して注目すべき催しがあった。「ビーチクリーンアップ・杉鱒缶ライブ」と銘打った杉山清貴さんらのニューミュージック・ライブ。来場者にごみ拾いを呼びかけ、出演者も加わって海岸一帯の散乱ごみを集めて回った。

集めたごみは五キロ入り袋に三〇〇個分。そして、ごみ拾いに参加した約一〇〇〇人がこの夜のライブを楽しんだ。つまりごみが入場券になったわけだ。この素晴らしいアイディアは出演交渉のなかで杉山氏から出されたそうだ。

静岡県裾野市で開かれた「一万人の富士山オールナイト野外音楽フェスティバル」は、大学生の環境団体「A SEED JAPAN」の手で「自然との融合」に挑戦した。「ごみになるものを販売しない」「自分のごみは自分が責任をもつ」が基本だが、それでも出るごみは徹底した分別収集で各リサイクル工場へ。

残飯は土に転換、食器はでんぷん製、太陽や風で発電、ソーラーカーが走り、自然エネルギーで稼働するインターネット基地で世界と会話、各国の自然料理屋台で舌鼓。未来への足掛かりを築こうとする若者たちのアイディアと実行力は心強い。しかも「楽しみながら」がいい。

ウミガメ

すばらしいニュースが新聞記事にあった。稲村ガ崎の砂浜にカメの足跡を発見した近くの人たちが、産卵場所を荒らされないようにそっと守り、九〇個以上のアカウミガメがふ化したことを確認、赤ちゃんガメを海に見送る感動の物語。「海がきれいになったのかな」という当事者の談話もあったが、そうであればほんとうにビッグニュースだ。

私の子供のころは浜でよくカメの姿を見かけた。神奈川県の調査報告によれば、片瀬、腰越、七里ガ浜はアカウミガメの有数の産卵場であった。稲村ガ崎〜材木座もしばしば上陸の記録がある。その姿がめっきり減り出したのは一九五〇年代後半から。原因は、道路建設や波によって砂浜が削られたこと、照明や過密な観光客によって産卵環境が悪化したことだ。

絶滅のおそれのある動植物の分布や生息状況を紹介する「レッドデータブック」(危機を表す赤い表紙をつけることからそう呼ばれる)の神奈川県版によると、アカウミガメのレッドデータ度は「分布は比較的広いが個体数が少なくなっている種」(Eランク)に位置づけられている。「絶滅危惧種」ではあるが、ここ数年、鎌倉でも産卵情報はいくつかある。とくに今年は三件もあった。回復の兆しかもしれない。来年以降もさらに増えてくれることを願えば、もっともっとカメにやさしい環境をつくりあげなければならない。しかし、これはそう簡単なことではない。

豊かな海浜の復活、人の通行や人工光線の制限といった難しい課題がある。稲村ガ崎の人たちがもっとも苦労したのは、産卵場所の情報が漏れていたずらをされはしないかという心配だった。早朝から深夜まで遠くからこっそり監視をつづけた。そんな自然を守る温かい心が積み重なってはじめて、昔のような産卵場に戻るのかもしれない。

地方発

ドイツ南東部に位置する古都ハイデルベルクは、鎌倉と同様に戦火を免れたため、いまなお中世のたたずまいを残す美しい街だ。丘のうえにそびえ立つ古城。ネッカー川の満々たる流れ。街をあるくとロマン派詩人たちを引き付けた詩情が迫ってくる。

国際会議が開かれた九月下旬は、まさに観光のハイシーズン。会議の会場になった市庁舎周辺も、日本人の若い女性グループなど国際色豊かな人々であふれていた。

地球の温暖化防止対策を話し合うこの会議には二二カ国、四七の地方自治体から市長らが参加した。二日間にわたって各都市が進めている事例報告があった。省エネルギー、廃棄物対策、自動車抑制の交通計画などそれぞれの地域の特性に合わせた意欲的な実践活動が紹介された。

日本からは鎌倉市のほかに越谷(埼玉県)と熊本の両市が参加した。三市はいずれも地球温暖化の主因である二酸化炭素(CO_2)の排出量を二〇%削減する計画を立て、国際的なキャンペーン活動にも加わっている。

じつは二年前に同じハイデルベルクで開かれた地方自治体の会議がはじめて、CO_2の二〇%削減を打ち出した。国連を舞台にした各国政府間の協議が進展しない状況を横目に、地方自治体から挑戦しようと乗り出したわけで、今回の会議は二年間の実績を踏まえて、もう一度各国政府の尻をたたこうという趣旨だ。

会議を主催したハイデルベルクのヴェーバー市長は地球環境問題の国際的なリーダーの一人で、昨年は鎌倉を訪れてシンポジウムに参加した。彼女の持論は「地域の多くの人がかかわる小さなことを大事にすること」という地域原則。国連や政府の決定を待つのではなく、地域や地方自治体から政府や国連を変えようという発想が素晴らしい。

親と話す

このところ鎌倉市の「環境自治体」づくりがかなり知れ渡ってきた。環境自治体課の調べによると、この半年ほどの間に視察に訪れた地方自治体は一五市町。資料を送ってほしいと頼まれたのは一三市町村。北海道から九州まで全国にわたる。

外国からの視察客も相次いでいる。一〇月下旬に鎌倉を訪れたドイツ経済省エネルギー総局長のベッカー氏は、石油や石炭など化石燃料の消費に伴って排出される二酸化炭素(CO_2)の二〇％削減計画について強い関心を示した。

一一月上旬には国際的な太陽エネルギー利用首脳会議の事務局長をつとめる英国のレゲット氏(オックスフォード大学講師)が訪れた。鎌倉の学校ですでに太陽光発電がはじめられたことや公共施設での太陽エネルギー利用のプロジェクトが進んでいるといった説明を聞くと、「すばらしい」の声を連発した。

続いて米国環境保護庁のベーカー環境教育課長。教育現場を視察したいという強い希望を受けて、鎌倉市が環境教育実践推進校に指定している深沢中学校の一年生の授業を参観してもらった。このクラスは一年がかりで環境問題をテーマにした壁新聞づくりに取り組んでいる。温暖化や酸性雨など地球規模の問題から散乱ごみ、リサイクルなど身近な問題まで自分たちの視点でとらえた研究成果を模造紙大の壁新聞に発表し、お互いの作品を評価しながら環境問題への理解を深めようとの狙いだ。

ベーカー氏は生徒たちの作業を見ながら、いくつかの質問をした。とくに私が注目したのは次の二つ。

「環境にやさしいことを実践していますか」「環境について親と話しますか」

一般的に子供たちは環境問題への理解が早い。親が子供たちから教えられることも多い。子供たちの実践こそが環境にやさしい行動の輪を広げる決め手になる。ベーカー氏の質問の背景にはそんな考えがある。

COLUMN 1997

よいお正月

紺碧に白き鳩舞う斧始め

今年の正月はすばらしい天候に恵まれた。鎌倉建築組合の新春行事である鶴岡八幡宮の「手斧(ちょうな)始式」も抜けんばかりの青空の下で行われた。西の空には連日にわたって霊峰富士が、頂上から裾野までその雄姿の全容を見せてくれた。

「よいお正月で」という言葉とともに、この正月はもう一つ話題になったことがある。「ごみが少なくて街が小ぎれいになった感じがする」という評判だ。こんなうれしいことはない。

調べてみると、若宮大路に臨時に設けた二〇個のくずかごに投入されたごみ量は、三が日で一三トンと昨年より三八%減。観光散乱ごみの拠点回収事業として鎌倉駅の東口と西口、海岸の滑川近くに設置している三つのごみ箱も七%減。これらを含めて名越クリーンセンターに入った年末年始六日分の可燃ごみの量は一七〇トンで二七%減った。

初詣客が減少した(八幡宮の初詣客は三が日で二%減の一九九万人)という事情を考慮に入れても、今年は散乱ごみが大幅に減ったのは間違いない。八幡宮は今年から独自回収方式を取り入れた。いくつかのお店屋さんは店の前のごみ箱を丹念に管理して「いつもきれいな街づくり」を心掛けてくれた。それがごみを捨てにくい環境をつくったのだろう。

市は昨秋「ごみ半減都市」を宣言し、二〇〇五年までに達成する計画の実施に着手した。その内容は昨年一一月一日号の『広報かまくら』に発表したとおり多岐にわたるが、自治会・町内会のみなさんをはじめ、事業所、商店会、市民団体の方々から力強い協力の声をいただいている。こうした市民総ぐるみの気持ちが訪問客にも伝わらないはずはない。正月の出来事をそんなふうに考えたい。

石笛（いわぶえ）

「歯を磨くとき水を流しっぱなしにしていませんか？」――コップに水を汲んで磨くと一回に五・六リットルの節水になる。小さなことのように思うかもしれないが、鎌倉市民がみんなで取り組むことになると、一年間で三二万四〇〇〇トン、鎌倉市の上水道使用量の六・四日分に相当する。

歯磨きに加えてもう少し、「シャワーは出しっぱなしにせずに、こまめに止めながら使う」「洗濯はまとめ洗いする」の二項目を加えると、一五〇万トン、三〇日分という答えがでた。歯磨き、シャワー、洗濯のちょっとした心掛けだけで、年間一カ月分の水が倹約できるのだから、けっして小さなことではない。

環境のために私たちができることをまとめた「鎌倉市環境保全行動指針」には、家庭や職場でのちょっとした心掛け九〇項目が挙げられている。節水、省エネルギー、ごみの減量化などどのくらいの効果があるかの試算も載っていておもしろい。

アンケート調査やワークショップを開催して市民、事業者から環境にやさしい行動例を収集しながら、各界代表による指針策定協議会が半年がかりでとりまとめた。行動指針の発表を兼ねて二月に開催した環境セミナーでは「私たちが変われば環境も変わる」をテーマに話し合った。

このセミナーの締めくくりに、フルート奏者横澤和也さんの石笛《いわぶえ》演奏があった。こぶし大の石に小さな貝がすみ家として開けた穴がある。天然のままの楽器。はじめて聞いたその音色は神秘的で、なかなかにダイナミック。古から連なる地球の息吹を聞く思いがした。

横澤さんの話によると、この石笛は鎌倉の近くの海岸で拾ったそうだ。市民総ぐるみの環境保全行動で石笛に負けない地球人の音色を奏でたいものだ。

糸車

市内で貿易商を営むインド人のアナン・メータさん(四七歳)が私を市役所に訪ねてきた。「環境にやさしい織物なので市長に愛用してもらって環境自治体の創造を目指す鎌倉のイメージづくりに役立ててほしい」と木綿の肩掛け袋をいただいた。

メータさんはインド西海岸の大都市ムンバイ(旧名ボンベイ)生まれ。八歳の時に父親の東京出張がきっかけで日本に住むようになり、一一年前に鎌倉に引っ越した。日本人の奥さんとこども三人。

メータさんの話によると、木綿の袋はインドの父マハトマ・ガンジーの生まれ故郷であるグジャラート州の製品。農村の若い女性たちが綿花を摘み、糸車で糸をつむぎ、織り機で丹精込めて織り上げた綿織物でつくられており、いずれも手作業。化石燃料などの動力エネルギーをまったく使わず、自然の恵みと人力だけでできあがる点がまず地球にやさしい。

加えて、この袋がぼろになった場合も捨てることはしない。草と一緒に鍋で煮て、木綿のパルプから紙をつくるのだという。だからビニール袋のようにごみにはならない。メータさんの名刺はこの製法による木綿製の紙だった。

メータさんはこれまで市内のいくつかの学校でインドの話をしている。その度に子供たちに木綿の袋をプレゼントする。その数はすでに数百個になる。たきぎの木を切らない工夫として太陽熱を集めてご飯を炊く太陽コンロの話も子供たちの関心を集める。

インドの家庭では玄関に肩掛け型、手提げ型、巾着（きんちゃく）型など数種類の袋が置いてあるそうだ。用向きに応じて適当な袋をもって出かける。鎌倉市環境保全行動指針にも「ビニール袋は受け取らず買い物袋を持ち歩く習慣をつけましょう」とある。インドの伝統的な習慣は大いに参考になる。

シラス

「海岸に廃油漂着」のニュースが私の耳に飛び込んできたのは、東京・霞ヶ関の外務省会議室で開かれていた国際会議の席上だった。

カタカナ交じりで少しややっこしいが、会議の名称は、日米ワークショップ「環境教育と日米協力」。主催者は、コモン・アジェンダ円卓会議（平岩外四会長）。日米首脳会談を前に、エイズや人口爆発、環境破壊など地球規模の問題に日米両国政府が協力して進めている共同事業「コモン・アジェンダ」への提言をまとめるために、両国の経済人、NGO職員、政府関係者ら二〇人による二日間の会議の初日のことだった。

私は海岸が心配だったので、鎌倉市の「環境自治体」づくりについて大急ぎで報告し終えると、「いま悲しいニュースが入ってきた。すぐに現場に行きたい」と退席を申し出た。議長はじめ参加者は快く許してくれた。

海をみてひとまずほっとした。海上保安庁や県の情報から判断しても、これ以上の漂着の可能性は少ない。日本海の重油流出事故のような惨事はまぬがれたようだ。市民の協力も得て、翌日の昼過ぎまでには漂着重油の除去作業も完了することができた。

腰越、鎌倉両漁業組合の人たちにも話を聞いてみたが、水産物への被害もないという。取れたてのシラスを食べてみてほしいといわれた。確かに普段と何の変わりもないおいしいシラスであった。

二日目の国際会議は午後から出席した。夕方から外務省飯倉公館で開かれた締めくくりの立食パーティーに、浜でいただいた釜（かま）揚げシラスを持参した。重油事故の報告とともに「外務省公館の料理にも負けない日本の味を試してください」と勧めた。テーブルに用意された二皿のシラスは見事に平らげられた。みんなから「おいしい」「おいしい」と絶賛を受けた。

全戸清掃工場

お陰さまでごみが大幅に減り始めた。四月に市内全域の家庭から出た「燃えるごみ」の総量は二七五一トン。前年同月と比較すると二四・三八％もの減少となった。

昨秋宣言した「ごみ半減都市」へ向けた第一歩として四月一日から開始した「ごみは中が見える袋で」「新聞、雑誌、段ボールは燃えるごみではなく地域の資源回収に」という二つの施策の成果であることは間違いない。収集法が変わっただけに混乱もあったが、自治会、町内会をはじめとする地域の人たちの献身的な協力が支えになった。

市民の中にはごみの出し方が変わったことを知らない人がいる。知っていてもルールを守ろうとしない人もいる。そんな人を指導してくれる一番の力は地域の人々だ。自宅から車でごみを運んできて通りがかりのごみステーションに投げ捨てて行く不心得の常連を見張って注意し続けた人もいる。黒い袋の使用を譲ろうとしない主婦に徹底的な論争を繰り広げてくれた働き盛りの男性もいた。

ごみ半減計画が好成績のうちにスタートできたのは、そんな人たちの努力の結晶だと思う。七月には今泉クリーンセンター管内で、一〇月には名越クリーンセンター管内で、新分別収集がスタートする。ごみを資源として活用するために、収集の段階から今までよりきめ細かい分別を各家庭にお願いすることになる。

さらに市では、生ごみを減らすために生ごみ処理機の全戸普及を目指している。かつて〝東京ゴミ戦争〟の折にごみ処理は自分の区の清掃工場でという「自区内処理の原則」が力説されたが、鎌倉の「ごみ半減計画」はそれぞれの家庭がごみ処理の最前線基地になってもらうという点で「全戸清掃工場論」ともいえる。市民総ぐるみの運動で現代文明のひずみを克服しよう。

「ビオトープ」

六月はホタルの便りが楽しい。「〇〇でホタルが出た」と聞くと、なにか浮き浮きさせられる。その地の風景が浮かび、光の線が舞ったりする。ホタルの不思議な魔力だ。

市内にも何カ所か名所がある。環境庁の「ふるさといきものの里一〇〇選」に選ばれた大町逆川や山崎の谷戸、腰越・広町など、私が知っているだけでも十指に余る。しかもうれしいことに、近年、街中に名所が増えている。

海蔵寺（扇ガ谷）の谷戸に発して御谷（おやつ）川に合流する扇川もその一つ。下水道の普及で川の水がきれいになるにつれてホタルが戻ってきた。もっともっと多様な生物が住める環境を復活できないか。そんな思いで今年、ちょっとした工事を試みた。

川が横須賀線沿いを下る約二〇〇メートルの区間。川底に木杭や捨て石を使ってできるだけ瀬と淵をつくる。水質浄化や美しい景観づくり、小さい魚の隠れ場を兼ねてキショウブやミゾソバなどの水生植物を植える。アサ布を丸めてウナギの細長いすみかもつくって五月に完成した。

いまはどのぐらいの生き物がいるのか。工事の折に採取して下流に放した数は、ヨシノボリ一七〇、ホタル幼虫六、カワニナ二〇〇、ドジョウ二、モズクガニ一、サワガニ六、ウナギ一。きっとこれからもっと増えてくれるはずだ。

「ビオトープ」(生命の場所)という言葉がある。多様な生物群を保持している湿地、雑木林、水辺などのことで、最近、都市の中にもビオトープを積極的に創り出そうという気運が全国的に盛んになっている。五月には鎌倉芸術館で「水辺、広場、自然復元の世紀」と題するシンポジウムが開かれた。早くからこんな作業に取り組んできた鎌倉自主探鳥会グループなどと協力して、生き物を思いやる共生の地域づくりを進めたい。

ニース

二年ぶりに姉妹都市のニースを訪問した。流鏑馬(やぶさめ)、共同宣言、講演会と盛りだくさんの行事が用意されていた。

コート・ダ・ジュール競馬場での流鏑馬公演は拍手喝さいを浴びた。流鏑馬の指揮をとった金子家教・大日本弓馬会会長は「観衆の歓声のものすごさに驚いた」という。「フランスにおける日本年」の総責任者としてフランス中で繰り広げられている行事に奔走している松浦晃一郎・駐フランス日本大使は「数多い日本年の行事の中でも流鏑馬は特筆されるに違いない」と高く評価した。

ジャック・ペラ・ニース市長と私が署名した共同宣言にはちょっとした事情があった。両市の姉妹都市提携は一九九六年一一月九日にスタートしたことは間違いないのだが、最近になってその折に文書を取り交わしていないことがわかった。

昨秋のニース市代表団の鎌倉訪問に際して、そのことが話題になり、共同宣言を出そうという案が持ち上がった。残念ながらそのときはペラ市長が直前になって参加できなくなり延期されていた。

共同宣言の内容を最終的に確認したのは、ペラ市長が招いてくれた朝食の席だった。市長執務室の隣にすばらしい装飾を施した小部屋があり、そこでオレンジジュースとコーヒー、パンの朝食をとりながら話し合った。

ペラ市長は国会議員兼務。忙しい日程だけに、「いつもワーキング・ブレックファースト(朝食をとりながらの用談)ですか」と聞いたら、「賓客のときだけですよ」との答えが返ってきた。お土産に畳よりひと回り大きい流鏑馬のポスターをもらってきた。ニース市の意欲的な歓迎で両市の関係に新時代が開かれた気がする。

台風

夏。鶴岡八幡宮のぼんぼり祭りは、押すな押すなのにぎわいをみせていた。なんといってもこの祭りは、灯りに浮かぶ書画が発する作者のメッセージが楽しい。味わい深さに感心していると、つい時間の経つのを忘れてしまう。

花火、祭り、盆踊り。今年も恒例の風景が各地で繰り広げられたが、このところすっかり鎌倉の夏の風物詩の地位を確保したのが、材木座海岸の「かまくらビーチカーニバル」。今年は三一の砂像が並んだ。入場者数は一三万八〇〇〇人。いずれもこれまでの最高記録。来年は一〇周年ということで、国際大会を開く計画も進んでいる。

今年の砂像制作は特別な苦労があった。台風九号の影響による高波で完成目前の三基がこわれた。大急ぎで作り直したり、設計変更したり。改めての奮闘の結果、その中から、第二小学校五年の「地球はみんな仲よし」、逗子市立久木小学校六年有志の「ウワー！　たまげっち」が見事に「小砂像の部」で入賞した。

今年はどうも台風の様子が例年と違う。九号の風雨はさほどのことはなかったが、波だけはかなりの威力があった。その前の七号と八号は珍しい六月の台風で、崖崩れや建物被害が出た。気象庁の話によれば、六月から二本も上陸したのは、例年の台風本番にあたる八—九月に似た気圧配置だったためだそうだ。

そういえば今年はサクラの頃から天候不順。冷夏でもある。近年、異常気象が異常でなくなりつつある。エネルギーの過剰使用など人為による気候変動にどう対処するか。一二月に京都で開く気候変動枠組み条約締約国会議の行方が連日新聞に報道されている。決め手は一人ひとりが生活のなかで意識的に行動する以外にないと思う。『鎌倉市環境保全行動指針』にはそのための具体策が書かれている。

地球市民

鎌倉には二つの性格がある。一つは歴史と自然に富んだ清閑な住宅都市。もう一つは年間二〇〇〇万人もが訪れる観光都市だ。静かな住環境を望む居住者からすれば、観光客が引き起こす雑踏、ごみ、車公害は迷惑であり、歓迎したくない気持ちがある。

しかし、大勢の人に愛してもらうことはありがたいことだ。この力を活用しない手はない。そうすれば居住者と訪問客の間にある摩擦の解消にもきっと役立つ。鎌倉を思い、鎌倉を訪ねてくれる市外の人々に鎌倉のまちづくりを手伝ってもらう「交流人口」という考え方を総合計画に盛り込んだのはそんな気持ちからだ。

その具体策の一つとして、「かまくら地球市民」制度を発足させたいと考えている。いま検討中の構想では、「かまくら地球市民」に登録していただいた方(市内外)に、寄付やボランティア活動を通じて鎌倉の風致保存にご協力をお願いする。特典としては、オリジナルデザインの素敵な市民証を発行し、市の公共施設への入場料を無料あるいは割引にする。

さらに、「かまくら地球市民」になる方には、(1)限りある資源やエネルギーを大切に使う、(2)まちや自然を汚したり傷つけない、(3)お年寄りや障害者など弱者の味方になる、(4)

住みやすいまちづくりに協力する、(5)ボランティア活動に参加するなど、鎌倉市の進める「環境自治体」の心を理解していただき、そのための行動を自ら実践することを約束してもらう。つまり、市民はもとより、二〇〇〇万人の訪問客を通じて、鎌倉が地球に優しい行動の輪を広げるための発信地になろうというわけだ。

鎌倉は世界に誇る古都。この先祖から引き継いだ豊かな資産に感謝し、二一世紀の世界に貢献する街を目指したい。市民の皆さんのご意見、ご提案をお願いしたい。

自転車デモ

今年の紅葉はやや鮮やかさに欠ける感じがする。気象庁の話では、秋になっても平均気温が高く、とくに朝夕の冷え込みが足りなかったためという。雨が異常に少ないこと、初夏からの台風で木々が強い潮風を浴びたことも影響しているように思う。

それでも山が日ごと色合いを深めるこの素晴らしい季節を楽しみながら、久しぶりに自転車を走らせた。各国政府が地球温暖化防止を話し合う京都会議(気候変動枠組み条約第三回締約国会議＝COP3)に向けて、市民グループが全国六つのコースで実施した「列島縦断エコリレー」の鎌倉市役所～藤沢市役所間七キロに参加した。

連合神奈川の組合員、市役所職員ら十数人とともに沿道の人々に「地球のためにだれでもできる小さな心掛けを」と訴えて与えられた任務を果たしたが、このチームで一人の青年に出会った。鎌倉を通過したリレーの出発地になった青森県野辺地町から京都まで一二〇〇キロの走破に挑戦した名古屋市在住のフリーター、星寛幸君(二七歳)。「自由に自分の行動をしたいからどこの団体にも所属しない主義です」「とくに大変なことはありませんでしたが、宮城県ではみぞれに降られました」。車輪を並べて彼の話を聞きながら、私はCOP1のベルリン会議(一九九五年)を思い出していた。

ベルリンでは温暖化防止を求める一〇万人の自転車パレードが会議に圧力をかけた。私が出会ったオランダのある市役所職員グループは、五日間かけて、八〇〇キロの道のりを自転車で会議に乗り込んだ。

自動車万能から、自転車復活へのUターン現象が世界中で起こっている。排気ガス、騒音、事故、車の増加と道路拡張の悪循環。地球温暖化も自動車社会を見直す大きな要因の一つになってきた。

COLUMN 1998

雪

いつも痛感することながら、東京とその周辺都市はなんと雪に弱いことか。二週連続で首都圏を襲った降雪は、鉄道や車をマヒさせた。

最初の一月八日は夕刻、横浜から自動車で帰ったが、シャーベット状の雪が数センチ積もった高速道路で、二件のスリップ事故を見かけた。いずれもトラックとハイヤーのプロ運転手。雪の怖さを改めて思い知らされた。

高速道路を降りて朝比奈峠は無事越えたが、小町で用務を済ませて大船に向かう巨福呂坂はスリップして登れない車が続出、車の後押しをしたり、交通整理をしたり、次の会合は大幅遅刻となった。

二回目の雪は成人式と重なった。それでも晴れ着姿の新成人九八〇人(四五%)が芸術館での式典に参加した。雪に慣れたせいだろうか、交通の混乱は前週よりは少なかったように思う。

市内で転倒などによるけが人は四人。水分の多い重い雪であっただけに倒木などの被害もかなり出た。除雪や融雪剤の散布など市が使った雪害対策費用は二〇〇〇万円強。

それにしても雪景色は素晴らしい。なにか気持ちが引き締まる。それが季節というものだろう。春夏秋冬、それぞれの季節らしさが到来してくれないと、生活のリズム感が狂うし、味気ない。

昨年はいつになく早い時期から台風がやってきて大きな被害を出した。紅葉は気温が高すぎたせいだろう、あまりいい色にはならなかった。日本ばかりではない。人類の営みが原因で、世界中に異常な気象現象が現れているのが今日の地球の状況だ。

雪は自然のダム。年明けの雪のお陰で、今年の水不足は避けられるだろう。考えれば考えるほど自然は偉大だ。交通マヒも人類に対する警告かも知れない。自然を大切にしなければ罰が当たる。

第六次産業

自然との共生をテーマにした長野オリンピック。日本選手の活躍に大いに感動したが、もう一つ、素晴らしい新聞報道があった。三月五日から開催する長野冬季パラリンピックの芸術祭「アートパラリンピック」に入選した知的障害者の墨書。三〇歳の女性のその作品には「がんばらない」と記されていた。

日本中が選手たちに「がんばれ」「がんばれ」の大合唱。その渦の中で、この一言はすごいと思った。

彼女も小さいときから「がんばれ」と励まされ続けてきた。それがある日、「がんばる」

への戸惑いを感じ、力を抜くことの大切さを表現することに転ずる。自ら障害を超えてがんばってきたからこそ切り開けた境地だろうが、それはこの日のためにありとあらゆる鍛錬を積み重ねてきた選手にとっても、じつに鋭いアドバイスだ。いや、スポーツばかりでなく、日本社会全体に発せられた貴重なメッセージだと思う。

鎌倉の農業を考える消費者・販売者・生産者の「三者交流フォーラム」というはじめての試みが、さがみ農協玉縄支店会議室で開かれた。国の農政審議会会長であり、全国で村づくり塾を主宰している今村奈良臣さんの話を聞いた。

農業は第一次産業にとどまることなく、二次(加工)、三次(販売)まで含めた総合産業へ発展すべきで、そうすれば二一世紀の花形産業になることは間違いない。一と二と三を掛け合わせた「六次産業化」を図れという論だ。

農業も漁業も経済的には苦境にある。産業人口も減り続けてきた。ただ、自然相手の産業ということに着目すれば、経済のほかにも、環境の保全、子どもたちの教育、生活の豊かさなど限りない価値がある。経済価値ばかり追求しがちだった力を抜いて考える時代がきている。

エコ家族

インド、バングラデシュ、ベトナム、中国、台湾、ロシア、そして日本のジャーナリスト一行十数人が早春の鎌倉を訪ねてくれた。本市の環境自治体づくりを視察したいという目的だった。

限られた時間の中で、どこを見てもらうか。現場を見なければ納得しないのがジャーナリストの気持ちだ。思案のあげく、私は環境に配慮した生活を実践している普通の家庭を見てもらおうと、笛田にお住まいのあるお宅にお願いすることにした。

一家はご夫妻と中学生、小学生の男の子の四人暮らし。以下に記すようなきめ細かい一家の環境総力戦に一行は感心することしきりだった。

▽エネルギー消費の節約＝自動車は小型なものに買い替えた。近所への用事は自転車、風呂は太陽熱温水器を使用。電気はこまめに消す。冬は雨戸やカーテンを使って暖房の効率アップ。

▽ごみの削減＝カップラーメンなどごみになるものはなるべく買わない。買い物袋持参。生ごみと植木剪定くずは二台のコンポストと一台の生ごみ処理機で一〇〇％自家処理。ビールはビンを購入、酒屋へ戻す。新聞は新聞店回収。プラスチック・トレイはスーパーの回収箱へ。その他は子供会、市の資源回収へ。再生紙の使用を徹底。

▽水質汚濁の削減＝汚れた皿はぼろ布で拭いてから洗う。粉石けん使用。
▽水の循環使用＝庭木や畑の撒水は雨水貯留槽の雨水、洗濯は風呂の水を活用。
▽自然生態系保護＝野菜は生ごみ堆肥を使って無農薬栽培。庭木にも農薬散布なし。
ジャーナリストたちとの細かい質疑応答は省略するが、「こんなに気を使った生活は大変ではないですか」との質問に、ご夫妻の異口同音の答えが印象的だった。「慣れれば何ともないですよ」。

環境ホルモン

言葉は時々の社会を反映して生まれ育つ。言葉の意味がいかに難しくても、その言葉がその時の社会を的確に映し出していれば、あっという間に人々の話題に上って知れ渡る。「環境ホルモン」という言葉は、そんな好例だろう。

戦後の化学革命がもたらした工業化社会は、この半世紀の間に、自然界にはなかった膨大な量の合成化学物質を地球上にばらまいてきた。現在、市場に出回っているものだけでも一〇万種類、毎年一〇〇〇種類が追加されている。この環境中にまき散らされた化学物質の中には生物に対してホルモンのように働き、生殖異常を引き起こしているものがある。

野生生物や人体に現れつつある多くの兆候の実例をもとに「環境ホルモン」の学説を導

き出した研究リポート『奪われし未来』は世界中に衝撃を与えた。一昨年、米国で出版され、すでに一一カ国語に翻訳。日本語版(翔泳社)が発売された昨秋以降は、日本でも連日のように新聞に登場している。

著者の一人である米国の科学ジャーナリスト、ダイアン・ダマノスキさん(五三歳)が鎌倉の環境自治体づくりについて私の話を聞きたいと訪ねてこられた。せっかくの機会なので、私はダマノスキさんが日本記者クラブと自民党環境ホルモン小委員会で行った講演の様子を聞いてみた。

講演の中身は専門的、科学的な用語交じりでかなり難解だが、「この部屋にいるすべての人が、曾祖父母の身体にはまったくなかった人工の化学物質を少なくとも五〇〇種類は抱えています」「われわれはいま、合成化学物質の巨大な地球実験場のモルモットになっているのです」といったダマノスキさんのわかりやすい説明に感心した。

大きな反響があった。景気対策として策定が急がれている今年度補正予算案に、環境ホルモン対策費を盛り込みたいと、環境、厚生、通産、農林水産、建設、科学技術の六省庁が名乗りを上げた。

税のはなし

いつも地方自治を議論し合う仲間のひとりである、ある県の副知事が「福沢諭吉の分財論は面白いですね」と教えてくれた。福沢といえば、今日に通用する地方分権論を書いていることはかなり知られているが、寡聞にして「分財論」は聞いたことがない。

すぐに原典に当たってみたくなり、全集を繰ってみたが、そんな題名の論文はない。索引にもない。ようやく見つけだしたのは『分権論』の末尾に書き足した五ページほどの「付録」と題する文章であった。それを読んで、この一〇〇年余りいかに日本社会が大切なことを怠ってきたか、つくづくと考えさせられた。

福沢が『分権論』を著したのは明治一〇(一八七七)年。その巻頭言によれば、炒り豆を食べながらの同人たちとの茶話をまとめたものだという。その論旨はいま地方分権推進委員会などを舞台に地方分権派が主張していることとほとんど同じ。法律制定、外交、防衛、金融など国の基本となること(政権)と、人々の生活に密着したこと(治権)をはっきりと区別し、前者は国に集中、後者は地方に分散すべき。そうしなければ起こるであろうと予測した行政の浪費などの弊害は、ことごとくいま行政が抱える問題点と符合している。

福沢が分権を論ずるには財源の分散も論じなければならないと付け加えたのが「分財論」。しかし、この中で福沢は、いまは地域別の財源に関する統計が整っていないので論じられない。将来、この点をしっかり分析する学者が現れれば、社会の大きな幸せになると述べるに止まった。

いまだに鎌倉市民がいくらの税金を納めたのか、そんな基本的な統計が明らかにされていない。市税は公表されているが、国税はわからない。これでは民主主義は発展しない。加えて地方分権論議は財源の地方への移譲を将来の課題として棚上げしてしまった。福沢翁も草葉の陰で嘆いていることであろう。

湧水の里

「鎌倉十井」や「鎌倉五名水」を歩くと、その命名の巧みさに感心させられる。浄智寺門前の「甘露ノ井」は塩分を含む井戸が多かった鎌倉で甘い味がしたのだろう。極楽寺切り通しの「星ノ井」は周囲が山深い峠だったために井戸を覗くと昼でも星が見えたという。扇を開いた形の「扇ノ井」、長い柄のついた銚子に似ている「銚子ノ井」、八角形なのに二角は小坪(逗子市)分と定めた「六角ノ井」、銭洗弁天の「銭洗水」。

昔から鎌倉は良質の水に恵まれない土地だったといわれている。十井や五名水が人々にもてはやされたのも、裏返して見れば、美味しい水は希少価値だったのに違いない。

いまはどうか。鎌倉市は上水道のための自前の水資源を持っていない。相模川・酒匂川水系からの県の水道に依存しているが、じつは素晴らしい湧き水が噴き出している地域がある。北鎌倉駅から北へ向かう鎌倉街道沿いの一帯。台、小袋谷、大船、岩瀬、今泉にかけて、路地を歩くと、ちょろちょろと耳に心地よい水音が聞こえてくる。垣根越しに覗くと自噴井戸から新鮮な水が流れ出ている。

湧き出た水がいったん溜まる井戸枠の中にスイカが浮かび、白菜や大根を洗う姿がある。文字通り「井戸端会議」の場にもなる。水道を引かずに井戸水だけで生活している家もある。さながら湧水の里の風景だ。

直径一〇センチほどの穴を岩盤の透水層まで掘り進むと地下水が自然の圧力で地上に湧き上がってくる「上総掘り」工法で、この地域では明治から昭和三〇年代まで盛んに掘られた。いまでも一五〇ほどの井戸が生きている。

そんな実態がわかった蔭には二人の市職員の努力がある。ここ数年、休日ごとに現地を歩いて調べた。多くの人に知ってもらおうと湧水写真展や探索会を開いた。参加した市民からの意見で、湧水の〝復権〟が都市マスタープランに書き込まれる成果も生んだ。

白書の転換

「白書」という言葉の由来は、イギリス政府の報告書に白い表紙が使われていたことにあるそうだ。けっして役所の白々しい自己宣伝を意味するわけではないが、それにしても環境庁の今年の環境白書は型破りで興味深い。

型破りというのは、政府の報告書であるにもかかわらず、地方自治体の施策に多くのページを割いているのだ。循環型経済社会の構築、自然との共生、ライフスタイルの変更……深刻の度を増す地球規模の環境破壊に歯止めをかける具体例、実践例を全国各地、海外の都市に探して、積極的に取り上げた。

札幌市のリサイクル団地、北九州市の循環型産業システム、ドイツ・カールスルーエ市の景域計画、山形・長井市の台所と農業をつなぐ計画、徳島・木頭村の緑と清流の里づくり、米国・ポートランド市の成長管理計画、ドイツ・シュツットガルト市の風の道計画、静岡・掛川市の生涯学習まちづくり土地条例、ドイツ・フライブルク市の環境定期券などだ。

鎌倉市についても、緑の基本計画、交通需要管理計画、都市マスタープランの三つを挙げて、市民参画による「環境自治体の創造」を進めていることが紹介されている。

中央政府の白書が地域の活動に焦点を当てたのは画期的なことだと思う。なぜなら、明治の近代化、戦後の民主化に次ぐ、二一世紀への改革の時を迎えて、その原動力が市民、地域、自治体にあることを中央省庁が認識しはじめた兆しとみるからだ。

三木武夫元首相はかつて「環境庁は権力の中の反権力」と語ったことがある。日本列島改造論が華やかな頃だ。生活に密着した環境の重視こそが権力の暴走をチェックし、生活者本位の未来を創り出すとの発想だ。バブル経済は崩壊した。国民は発想の転換を促している。環境白書はそのことを伝えようとしている。経済構造改革論に環境の視点が欠け落ちたままでは、日本再生はできないと思う。

空気神社

かねて一度訪ねてみたいと念願していた「空気神社」の参詣をこの夏かなえることができた。山形駅の西方約三〇キロ。朝日町の奥まった山あい。スキー村の脇からはじまる参道は、ブナ、ミズナラ、トチ、ホウの素晴らしい林の中を縫って丘の上へと続く古い山伏道だった。

小高い丘に目指す「神社」はあった。が、鳥居もなければ、社もない。地面から一メートルぐらいの高さに大きな鏡が一枚水平に横たわっている。五メートル四方のステンレス製。その鏡にまわりの林が逆立ちして映っている。その下に空があり、雲が飛ぶ。それは完全に自然の中に溶け込んだ奇想天外なる神社であった。

きっかけは二〇年以上も前にさかのぼる。森林組合の会合の席上、ある年寄りがこんな趣旨の提案をした。

「田畑で働いていると疲れるが、ブナ林では疲れが少ないし、一服するとすぐ疲れがとれる。これは空気がいいからだ。空気とそれを生みだす森や自然に感謝しないと、いまにたたりを受ける。人間にもっとも大事な空気の神様がいないのはおかしい。『空気神社』をつくろう」

いつも変わったことをいう人だったので多く町民はこの提案をまともには受けとめなかった。それから十数年、すでにご当人は他界していた。過疎が深刻化したこの山里の活性化策として、スキー場を中心とした「家族旅行村」を整備するプロジェクトが動きだし、その中で、なにか他のスキー場にはない誘客効果の高いものをつくろうと、「空気神社」の話がよみがえった。

賛否両論。さまざまな経過を経た。町当局は手を引いた。民間の奉賛会が五〇〇〇万円の寄付を集めて、世界初の「空気神社」は平成二年にできあがった。「八百万の神」という言葉があるように、ありとあらゆる自然を神とあがめてきた日本人も、いわれてみれば、確かに空気は忘れていた。すごい発想をする人がいるものだ。つくづく関心させられた。

ダイオキシン

『文藝春秋』一〇月号に「ダイオキシン猛毒説の虚構――根拠なきアジテーションこそが

問題を混乱させる」と題する記事が載っていた。最近のダイオキシン報道はダイオキシンの危険性のみを異常にあおり、人々に与える誤解がかえって被害を生んでいるという問題提起である。

内容の是非をめぐる議論はあろうが、どの出版物にも書かれているとおり、ダイオキシン汚染は大気や水、あるいは微生物〜プランクトン〜魚〜鳥〜動物と連なる食物連鎖を通じて、すでに全地球に広がり、われわれは毎日、食物や空気からある量のダイオキシンを摂取している。まさに深刻な地球環境問題であることはだれしもが認めている。

そして、そのもっとも有効な対策が、最大の発生源であるごみ焼却にあり、ごみを減らすこと、分別を徹底してリサイクルを進めることである点も一致している。

議論が分かれるのは、その危険性をどう評価するかという点だ。一例をあげれば、母乳もダイオキシンに汚染されている。だからといって人工乳がよいかといえば、母乳には乳児を病気の感染から守る免疫物質が含まれている。スキンシップによる乳児の情緒安定の効果もある。ダイオキシンの危険性はこれらのメリットを犠牲にするほどなのかどうか、科学的な解明がいまのところできていない。

ダイオキシンばかりでなく、ほかにも生物の生殖機能や免疫機能に深刻な影響を与える合成化学物質は数多く、医薬品、食品、電化製品、自動車、建材、化粧品、ありとあらゆる生活分野に入り込んでいるという現実がある。

環境問題を考えていく上で大切なことは、あくまでも、科学的、総合的、現実的でなければならない。そしてできることから実行する。鎌倉市が市民の皆さんの協力で取り組んでいるごみ半減化計画も、そんな精神に基づいている。冷静な判断と着実な行動こそが難問を克服する力となる。

洪水と渇水

友好都市提携のため訪問した中国・敦煌市への道すがら、私は六月から中国の広域にわたって発生した大洪水のことが気になっていた。調印式の挨拶でも、被災地の人々へのお見舞いと一日も早い復興を祈念する旨を伝えた。

成田―北京―蘭州―敦煌と飛んだ機中から、しばしば下界を眺めてみた。洪水の痕跡は目撃できなかった。それもそのはずで、飛行機が飛んだ黄河流域(国土の中北部)はあまり被害はなかった。被災地の中心は、国土の中南部を横断する長江(揚子江)流域と東北部の松花江流域。被災者は二億二〇〇〇万人、死者は三〇〇〇人と発表されている。

日本の全人口の二倍もの人々の生活が水に押し流されたというのだから、その規模は想像を絶する。しかも、なかなか水が引かず、いまなお高台や堤防の上での野宿生活が続いているというのだから、その長期性にも驚かされる。

テレビニュースは連日報道した政府、党、軍あげての献身的な「洪水との闘争」の中で、私がもっとも注目したのは堤防爆破作戦だ。それは長江中流の最大の商工業都市、武漢の上流で実行された。数万人の人々の集落と田畑が泥水の下に沈み、避難を余儀なくされたが、大都市を防衛するためのより小さな犠牲と考えられた。長い治水の歴史に根ざした発想なのだろう。

帰国してもっと驚いたことがある。留守中の新聞に目を通していたら「中国深刻な水不足――洪水の陰で」という記事があった(九月二八日付『読売新聞』)。レスター・ブラウン氏(米ワールド・ウオッチ研究所長)の寄稿で、(1)中国の洪水の原因は森林破壊による土壌の保水力の低下にあり、乾期には水不足が深刻になる、(2)事実、平地のほとんどすべての場所で地下水位が急激に下がっている、(3)水不足は食糧、工業生産など中国の経済政策に転換を迫らざるをえない、と警鐘を鳴らしている。洪水に渇水を見る氏の鋭い眼力に感服した。

レーナ・マリア

「オリンピックの種目に芸術が入っていたことでもわかるように、昔からスポーツと芸術は一体のものだったのです」。洋画家の大津英敏さん(多摩美術大学教授)は、「かながわ・ゆめ国体」のスポーツ芸術競技として鎌倉で開催されたご自身の絵画展「鎌倉からパリへ」の開会挨拶で、こんな話をされた。

なるほど、古代ギリシャのオリンピアの祭典では、彫刻家は躍動美あふれる勝者の像を神に捧げることを最高の名誉とし、詩人は勝者を讃える詩をつくり、音楽家は勝利を謳う音楽を奏でて競いあい、スポーツと芸術は渾然一体となって花開いたといわれる。近代オリンピックの創始者といわれるフランスのクーベルタン男爵はこの伝統を復活することに執念を燃やし、第五回ストックホルム大会(一九一二年)から第一五回ヘルシンキ大会(一九五二年)までは、文学、彫塑、絵画、建築、音楽などが正式種目になっていた。

鎌倉市での国体・スポーツ芸術競技は、大津英敏展のほかに、ささめやゆき「かまくら四季の点描」イラスト展、鎌倉能舞台、鎌倉彫創作展、文化施設をめぐる鎌倉芸術散歩など多彩な催しが繰り広げられたが、その最後を締めくくったのがスウェーデンのゴスペル(福音)歌手レーナ・マリアさんのコンサート。

レーナさんは、両腕がないなど生まれながらの重い身体障害を乗り越えて、水泳選手として国際大会で数々の栄冠を手にしたスポーツウーマンでもある。著書『レーナ・マリアフットノート』には、見事な日本語で「これはわたしが足でかいた人生のがくふ(楽譜)です」と、手代わりの右足で書いたサインがある。

その抜けるように明るい歌声は、愛と希望、勇気と自尊心のメッセージを発して、芸術館大ホールを埋め尽くした観客を深い感動の渦に包み込んだ。拍手は鳴り止まなかった。レーナさん、素晴らしいスポーツ芸術をありがとう。

COLUMN 1999

富士山

今年の鎌倉は正月から素晴らしい天候に恵まれた。来る日も来る日も空いっぱいの紺碧。微風。社寺への参詣、海や山の散策に格好の日和となったが、もう一つこの好天が連れてきてくれたのは、連日その雄姿を西の空に現す富士山の美しさだった。

富士は、万葉の時代から今日に至るまで、多くの文人、画家たちに描かれ続けてきたことでも明らかなように、日本人にとっては畏敬の存在。日本中に「富士見」という地名があるのも、その美しい姿が日本人に特別な感動、安らぎ、喜びを与えるからだろう。

どの範囲から富士山は見えるか。高さ(三七七六メートル)と地球の丸さ、光の屈折などから計算される視覚限界距離は二三六キロ、一九都県に及ぶ。ただこの範囲内でも他の山の陰になる岐阜、富山県などはほとんど見えないし、外側でも高い山の頂、例えば、那智山(和歌山)や八剣山(奈良)、日山(福島)からは見える。鎌倉など湘南地方はもっとも豊かな眺望を誇る地域のひとつだ。

富士は市内各所で森や家並みのうえに山間に変幻自在に現れる。稲村ガ崎や七里ガ浜の浜辺から江ノ島の上空にそびえる富士の景色は、広重や北斎の浮世絵でも有名だ。湘南モノレールの駅名にもなっている「富士見町」は大船の中心的な商業地域だった。工場やビルがなかった時代はもっといい眺めだったのだろう。梶原団地の「富士見坂」は下りの正面に富士が位置する。

いろんなところから富士を眺めながら気付いたことがある。富士の大きさは周囲の舞台装置によって変わるという目の錯覚現象だ。国道134号線を由比ガ浜方面から稲村ガ崎の切り通しを越えた時に見る富士はとても大きい。両側が木々の額縁にはまっているせいだと思う。これほど見事に演技する山はない。

源頼朝没後八〇〇年。頼朝の短歌を一首。「道すがらふじの煙も分かざりき晴るる間もなき空のけしきに」

逆住宅ローン

由比ガ浜からの潮風が心地よい坂ノ下の住宅地に、地下一階、地上二階建ての小さな福祉施設の建設が進んでいる。「自分たち夫婦の資産を活用して地域の福祉に貢献をすると同時に、自分たちの老後の安心を確保したい」と考えた土地所有者のIさん夫妻と、この提案を受けた福祉クラブ生協が三年がかりで取り組んできた個人住宅付きデイケアセンターだ。

三階合わせた延べ床面積は約二四〇平方メートル。半地下式の地下階には風呂、洗濯室や相談、事務室。一階がデイサービスフロア。二階がIさんの住宅。屋上に上がると目の前いっぱいに海が広がる。日当たりのよさも利用しようと太陽光発電の装置も付く。総工費一億一千余万円はIさんと福祉クラブが工面した。

デイケアセンターはもっとも小さな八人規模の「ミニデイ」で、今年（註：一九九九年）六月から鎌倉市の委託を受けてデイサービス事業を開始する予定だ。残念なことに、Iさんのご主人は建物の完成をみることなく、昨年一〇月亡くなった。いまは奥さんが責任者になって事業を進めている。

「リバース・モーゲイジ」という言葉を最近よく聞く。リバースは逆。モーゲイジは担保。高齢者が持ち家を担保にしてお金を借り、老後の生活費や福祉サービスを受ける費用に充てる仕組のことで、米国やフランスで発展してきた。「持ち家担保年金」「逆住宅ローン」

などと訳され、日本でも普及し始めている。

Iさんの個人住宅付きデイケアセンターは、資産を提供してご自身の老後の安心を得るばかりではなく、将来にわたって地域の福祉に貢献する施設を遺す点で、さらに大きな意味がある。「社会貢献型リバース・モーゲイジ」とでも呼ぶのがふさわしい。

ミニデイは地域密着型のきめ細かい介護が期待される。ごく普通の宅地を活用してこんな施設ができることは高齢化社会に向けてとても明るい灯火だと思う。

ソーラー都市

このほどオープンした腰越行政センターは明るくていいというれしい評判を聞く。とくに図書館について「自然光で本が読みやすい」と何人かからお誉めをいただいた。

設計にあたって太陽光がたくさん射し込むように南側のガラス窓をできるだけ大きく取り、光量が十分な時間帯は電気の照明は消えるように工夫した。人工照明に慣れている目にとっては、太陽光は格別優しく感じるに違いない。

光ばかりでなく、太陽の熱も利用した。屋根に特殊なパネルを張って太陽熱を集め、床下に送り込むことで床暖房をする仕組になっている。子供用の図書室は床に寝ころんでも暖かい。事務室前の待合所もこの床暖房をつけた。夏にはこの熱を逃がすことで建物を冷やす効果も出る。

ほかにも、雨水利用、バリアフリー、備蓄倉庫など環境、福祉、防災対策が企てられている。設計に「技術提案方式」を採用し利用者の意見を反映したことからいえば、これらはすべて市民のアイディアということになる。

もし太陽がなかったらなどと空想をめぐらしても意味のないことだが、太陽はこの地球上に無限のエネルギーを降り注いでいる。化石燃料への依存を強めてきた科学技術の進歩が太陽のありがたさを忘れさせてきた面があるとすれば、それは人類の過信であろう。太陽の恵みを最大限利用しなければ人類の生存基盤は危うくなる。国内外に急速に広がりつつあるそんな意識を大切に、公共施設の建設にあたってはできる限り太陽エネルギーの活用につとめてきた。

腰越行政センターと同じような太陽熱を利用した暖房や太陽光を利用した発電装置は、資源リサイクルセンター、たまなわ交流センター、玉縄小学校、御成小学校、障害者授産施設「工房ひしめき」などで稼働している。個人住宅に太陽光発電を取り入れた家庭も、すでに市内で二二件に上る。「ソーラー(太陽の)都市」は鎌倉に似合う。

サクラ

今年のサクラにはちょっとした異変を感じた。里の桜でもっとも多いソメイヨシノは、満開の花が散ってから青葉が芽吹くのが普通だが、今年の若宮大路・段葛のソメイヨシノは花と一緒に葉が出てしまった。だからソメイヨシノ特有の一面を薄紅色が覆う華やかさに欠けるうらみがあった。

なぜだろうか。大船フラワーセンターの篠田朗彦園長は「植物も迷うんです」という。今年は開花直前の頃から天候不順が続いた。気象庁の開花予想も「早まる」、「遅れる」、再び「早まる」と行ったり来たりした。寒暖を繰り返す中で、花とは別に葉は葉で高温にあわせて萌芽の準備をしてしまうそうだ。こんなに暖かければもう不用とオーバーコートを片づけてしまう、われわれの生活でいえば、そんなことなのかもしれない。

今年は源頼朝公の没後八〇〇年の記念すべき年。サクラの異変に加えて恒例の鎌倉まつりパレードも雨で九年ぶりの中止になったのは残念だが、一一月まで続く多彩な記念行事をぜひ盛り上げたい。

その一つとして秋に「鎌倉幕府と地方分権」をテーマにした鎌倉街道サミットの開催を検討している。頼朝が打ち立てた武家政権は「一所懸命」や「いざ鎌倉」という言葉に象徴されるように、公地公民を基本とする律令制の重い租税や労役に苦しんでいた農民を救済した一大革命であり、その頭領ともいえる武士が土地をもらう代わりにいざというときには、幕府と地方をつなぐ鎌倉街道を突っ走って軍役にはせ参じたシステムは、一種の地方分権であった。

シンポジウムに備えていま、全国の都市に「今日に残る鎌倉との縁があったら教えてください」と呼びかけている。市民の皆さんにもお願いしたい。建造物、自然、行事、慣習、言葉…各地方の各分野に残る「鎌倉」をこの際まとめてみることは有意義と思う。「カマクラザクラが健在」といったうれしいニュースがないものかと心待ちしている。

大仏の手術

地震から文化財を守るための緊急フォーラムが五月中旬、東京で開かれた。私もパネリストの一人として議論に参加したが、ある国立大学の教授から鎌倉の寺社など文化財所有者に地震対策を聞いた調査結果が紹介された。

それは地震対策が進まない理由として「文化財の価値がなくなる」「経済的に負担が大きい」「技術が未発達」「宗教上したくない」などを挙げていた。教授はこの調査結果について「意識、意欲が低い」と不満なのだが、私はこの調査結果は学校や公共施設、住宅などとは決定的に違う文化財の地震対策の難しさを正確に指摘していると肯定したうえ、先駆的な事例として鎌倉大仏の地震対策工事の話を披露した。

一九二三年の関東大震災で鎌倉の神社仏閣は多くが倒壊した。大仏さまも台座前部が沈下し四〇センチほど前にすべり出し傾いた。昭和三〇年代になって、大仏さまの首部の背面に亀裂があることがわかり、頭部が落ちるようなことになっては大変と地震対策を講じることになった。この工事報告書に大仏の所有者である高徳院住職佐藤密雄さんがその時の気持ちを書いている。

「首部補強の方法について聞くと、仏像内部に補強用の金属等を肋骨のように張り付けるとか、頭部を支える柱を体内に立てるとかいった、全く笑事のような案が議題となって私どもの修理への決心をにぶらせた。全く病人が大手術を避けたがるのと同様な気持ちに追い込まれたのである」

結局は、頸部の補強には強化プラスチックが用いられ、さらに一三〇トンの仏像を持ち上げ、その下にステンレススチール板を敷くことによって台座と仏像を切り離す免震構造化が施された。佐藤さんの当初の心配は消えた。

「古い仏像を常に新しい人知が護持していくが如くである」。この言葉に文化財の地震対策のあり方が語り尽くされているように思う。

追悼

故長洲一二前知事と最後に話したのはこの春。ある書道展に特別出品された長洲さんの書のことが話題だった。

それは鎌倉市が友好都市提携をした敦煌市の郊外にある陽関(漢の関所、烽火台の跡が残る史跡)のことが謳われている王維(唐の詩人)の有名な詩をしたためたもので、私が敦煌市から訪問団がくる時に市長室に掛けて「鎌倉市民でもある前知事の歓迎の書です」と紹介したいので貸してほしいと頼んだのだ。

長洲さんは「訪問団はいつ頃くるのか」と聞くので、「秋でしょう」と答えると、「それまでにもう一度書き直しますよ」と約束してくれた。いつに変わらぬ意気軒昂ぶり、それだけに急逝の報は信じられなかった。

五期二〇年の知事時代、いろいろな改革を提唱された。「地方の時代」はその柱の一つだろう。知事退任後も政府の地方分権推進委員会委員として奮闘された。肝心の財源を手離そうとしない中央省庁の厚い壁に阻まれて期待どおりの答申にはこぎ着けられなかった。それでも一歩を踏み出す意義は大きい。地方からの継続した論議が必ずや「地方の時代」を築き上げる。そんな意気込みを委員会審議の途中でうかがったことがある。

景気対策の一環として政府が実施してきた地方税の減税について、私は鎌倉市のような地方交付税の不交付団体は国からの補填はなく市税での一方的な負担を強いられているという問題提起（昨年九月、『朝日新聞』「論壇」。130ページ参照）をしたことがある。このことはその後の地方選挙でも大都市部を中心に論議になった。

自治省の対応は素早かった。今年度からそれにこたえる新制度をつくった。「地方特例交付金」という。鎌倉市の今年度予算には一六億円が入った。これまではなかった国からの歳入だ。

正論は必ず通る。騒然たる論議を興そう。そんな心構えの大切さを長洲さんは言い遺したように思う。合掌。

長寿都市

今年の『高齢社会白書』に「健康寿命」という言葉が登場した。ただ単なる命ある限りの「寿命」ではなしに、寝たきりにならずに健康で生活できる期間のこと。なかなかいい言葉だ。関心しているうちにふと、鎌倉市民の健康寿命はどうなのだろうか。調べてみたくなった。

もとより健康寿命の統計はない。既存の統計資料から割り出すことも難しいが、市町村別に平均寿命を計算した『生命表』という統計資料が厚生統計協会から発行されている。

昨年発表された最新版(一九九五年『生命表』)によると、全国の平均寿命は男性七六・六歳、女性八三・二歳。鎌倉市は男性七七・七歳、女性八三・七歳。全国三二三一市町村のうち男性は二四二位、女性は八〇八位。かなりの長寿都市といってもいいだろう。全国四七都道府県別でみると、男性は長野、福井、岐阜と中部地方が上位を占め、神奈川は五位。女性は圧倒的に沖縄がトップで熊本、島根などが続き、神奈川は全国平均よりは長寿なのだが、順位は二五位。

県内三七市町村の中では、鎌倉は男性が藤野町、城山町、相模原市、藤沢市に次いで五位。女性は一〇位。他都市との比較では男性の長寿ぶりが目立つが、もとより鎌倉でも女性の平均寿命は男性より六歳長い。

表を眺めていて、鎌倉の県内一位を一つ見つけた。ある年齢の人々の平均生存年数を「平均余命」(零歳の平均余命が平均寿命)というが、鎌倉の七〇歳男性の平均余命は一三・八歳で、逗子、藤野と並んで県内トップ。六五歳男性は一七・四歳で逗子の一七・五歳に次いで二位。

高齢者の余命が長いことからみると健康なお年寄りが比較的多いに違いない。鎌倉には豊かな自然がある。高齢化社会にとって一番大事なのは手軽にできる健康法だろう。緑の山野をだれもが歩けるように整備する遊歩道計画はきっと健康寿命に貢献すると思う。

環境都市

久しぶりの夏休みを利用して米国西海岸のいくつかの都市を駆け足で回ってみた。先進的な環境都市が多い地域だ。感想を二つ。

自動車に頼る巨大都市は二一世紀に生き残れるのか。環境面からの行き詰まりが指摘されるロサンゼルスの街を歩くと、電気自動車の無料充電スタンドがあちこちにある。地図をもらって調べてみると、ショッピングセンターが顧客獲得のために設置したものなど二〇〇カ所以上もある。

ひとり乗車の乗用車をなるべく減らそうとする「カープール」制もよく見かける。複数乗車の車は渋滞する車線を横目に優先車線を走れる。ひとり乗車は高速道路の入口で待たされるといった規制もある。

この程度の対策でスモッグに覆われたこの大都市の大気汚染に効果があるだろうか、確かに疑問はある。が、小さいながらもいろいろな試みがはじまった意義はけっして小さくはない。それが第一の感想。

もう一つは「エコ団地」について。自転車都市で名高いデービス市は人口五万人のうちカリフォルニア大デービス校の学生と関係者が八割を占める大学都市。一九六六年の市議会選挙で自転車推進派議員が多数当選し、いまでは延長一〇〇キロを超す自転車専用レーンと専用道が整備されている。

この都市の一角に「ビレッジ・ホームズ」と呼ばれる住宅街がある。二四五戸。自転車道と歩道が全域に網を張り、車道は狭いうえすべて袋小路、各住宅は太陽熱を取り入れ、裏庭から住民が交流する広場や果樹園へと通じている。自治会のレストランもある。

この先駆的な試みが始まったのは七〇年代の初め。鎌倉の宅地開発にもこうした発想があってよかったとは思うが、遅ればせながら住宅都市整備公団が進める山崎地区の団地建設は環境共生型住宅にしようと、鎌倉市から公団に一四項目の要望を出している。二一世紀に通用するエコ団地の誕生を期待したい。

レッド・リスト

絶滅の危機にある国の特別天然記念物、ニホンカワウソの生存説をめぐる論争が高知県で再燃している。大学教授が今春、同県南西部の海岸の断崖で干からびた排泄物一個を見つけたのが発端。教授は内容分析からカワウソの生獣のものに間違いないとみるが、同県環境保全課は「これだけではカワウソと判断する材料には乏しい」と冷ややか。

国内でカワウソが目撃された最後は一九七九年。場所は同県須崎市の新荘川。このときは人前で愛嬌を振りまき続け、カメラやビデオにもおさまった。

それから二〇年。地元をはじめ全国のカワウソファンが熱心な探索を続けているが、ようとして姿を見せない。高知県は九四年から二年間、二四時間体制の自動ビデオカメラを設置して撮影を試みたが、映ったのはタヌキやハクビシンばかり。そんなことからいよいよ絶滅か、といった不安が高まっている。

鎌倉の著名な郷土史家、沢寿郎氏（故人）の著書『かまくらむかしばなし』（かまくら春秋社刊）には、滑川にカワウソがいた話がある。提灯を持つ人に飛びついてろうそくを食べたというが、いかにもいたずら好きのカワウソらしい話だ。明治時代には全国各地で生息していたというが、鎌倉にはいつごろまでいたのだろうか興味が湧く。

カワウソはともかく、私が子どものころあれだけたくさん群れて泳いでいたメダカが、今年の環境庁レッドリストで絶滅危惧種に指定されたのには驚いた。鎌倉の野生メダカも、もう自然界にはいないという。

幸いなことに市内佐助にお住まいの箕輪信和さんが三五年ほど前に近くの水田で採取した鎌倉メダカを庭のカメに入れて大切に飼育されていた。この一部を譲り受けて繁殖させようとする試みが、この夏から市役所の池で始まっている。いま体長二、三ミリのかわいい稚魚が次々に誕生している。来春には小学生の手で川に放流される予定だ。

カマクラ

かつてこの欄で「カマクラザクラが健在」といった全国各地の自然、建造物、行事、慣習、言葉…に残る「鎌倉」を教えてほしいと書いたことがある。うれしいことに最近、その基礎資料になる本が発行された。

日本民俗学の創始者である柳田国男の研究会「鎌倉柳田学舎」が自費出版した『柳田国男の鎌倉断章』。同会は柳田の膨大な著作の中から鎌倉に関する記述に焦点を当て、柳田が洞察する「鎌倉」の解析を試みてきた。その成果をまとめたのがこの本だが、この中には柳田が著した全国に残る鎌倉を冠した事物や事象、鎌倉に関わる信仰や歴史のデータが整理されている。

各地に残る「かまくら」として紹介されている主なものを拾ってみると——。

▽東北の「かまくら」——横手地方の小正月に雪洞をつくって子どもたちが遊ぶ行事「かまくら」、同じ秋田県の小正月行事で落ち葉を詰めた俵に火をつけて振り回す火祭り「かまくらやく」、ドンド焼きや左義長（さぎちょう）に似た火祭り「鎌倉焼き」。いずれも火祭りと鳥追行事が結びついたもので、鳥追歌の歌詞の冒頭に「鎌倉の鳥追いは」とあるのが行事の名称になった。

▽奄美の「カマクラ」——奄美大島では鳳仙花をカマクラとも呼ぶ。

▽手まり歌に「鎌倉の椿」――柳田の故郷（兵庫県の農村）、関東では多摩、秩父、上総地方にも「鎌倉の椿」を歌う手まり歌があった。

▽信州の「鎌倉石」――佐久市の安養寺に、鎌倉から持ち帰った小石が大岩になったという伝説がある。

▽「鎌倉桜」――柳田の見解は、伊勢桜、鎌倉桜のように、人はごく容易に知らぬ国の名をやや珍しい種類のものに付けようとする。

柳田の全著作に登場する鎌倉に関する事項は二〇〇を超え、信州、京都、江戸に次いで多いという。鎌倉路、建長寺の狸和尚、御霊神社、鎌倉の鰹、鎌倉の町屋など柳田作品を検証する「柳田国男と鎌倉を歩く」も楽しく読ませてもらった。

一〇大ニュース

「西暦で次に奇数ばかりの日付がくるのは何年後でしょうか」。クイズみたいなことを問われて戸惑った。答えは「一一一二年後」。なるほど一九九九年一一月一九日を最後に三一一一年一月一日まではそんな日は訪れない。逆に考えれば偶数ばかりの日付も二〇〇〇年二月二日に一一一二年ぶりに出現することになる。

一九九九年もいよいよ一二月。もちろん西暦の話ではあるが、一九〇〇年代という「百年紀」の最後の月であると同時に、一〇〇〇年代という「千年紀」もこれで幕を閉じる。よくぞこんな節目の時に巡り合わせたものだと感慨深くなる。

今世紀の一〇大ニュースは報道機関などでも取り上げられているが、この一〇〇〇年の一〇大ニュースはあまり話題にならない。少々時間が長すぎていて人々の生活実感から離れすぎているせいかもしれない。おそらく人それぞれ選択は違ってしまうことであろうが、日本の歴史を振り返るとき、「中世武家政権の誕生」は屈指のニュースに挙げられよう。

作家司馬遼太郎氏はその人気紀行シリーズ『街道をゆく』の「三浦半島記」の中で、「鎌倉幕府がもしつくられなければ、その後の日本史は、二流の歴史だったろう」と記している。「武士という大いなる農民」がつくった政権は、農地をひらいた者やその子孫の土地所有をたしかなものにした。その影響は、人の心にあらわれた。ひとびとのものをみる気分まで現実的にした。彫刻や絵画、文学といった文化はリアリズムを尊び、宗教も形而上的装飾がはやらなくなって簡潔なものになった。「(鎌倉幕府は)わずか百五十年ながら、この時代から日本らしい歴史がはじまると極論してもいい」と言い切っている。

今年は源頼朝公没後八〇〇年。年初から多彩な記念行事が繰り広げられてきた。輝かしい歴史をもつ郷土に暮らしていることを誇りに思う。歴史に負けない明日を築かなければならない。

COLUMN 2000

助っ人精神

一月といえば新年会のシーズン。お互いの無事を慶びながら多くの仲間が顔を合わせるこの風習の楽しみは、和気あいあいの雰囲気の中で日頃の疎遠を飛び越して思いがけない話題に出会えることだ。今年もいくつかの新年会に招かれ、そんな思いをした。

例えば、今泉台町内会(二〇〇〇世帯)の新年会は、大住宅地だけに例年なかなかの賑わいになる。昨年はかつてここに住んでいたお年寄りから地域の輪づくりに役立ててほしいと高額の寄付があり「子供みこし」をつくることになったという美談を聞いた。今年は「今泉台すけっと会」が健闘しているという朗報を聞いてうれしくなった。

今泉台の住宅地も分譲以来三〇年余り。いまではご多分にもれず高齢化が進んだ。日常生活が自由にできない人もいる。そんな困っている人を地域で支え合う制度をつくろうと、昨年五月発足したのが「すけっと会」。家事の手伝い、買い物、その他日常生活に必要なことはなんでもやる。現在会員六〇名。

対象は町内の住民で、高齢者家庭、身障者のいる家庭、ひとり親の家庭など。「すけっと」の要請は三人のコーディネーターが受ける。コーディネーターはあらかじめ活動可能な時間帯、活動内容などを登録してある会員リストをみながら、引き受けてくれる会員を探すシステムだ。

この会の特徴は会員の自由意思を尊重し、会の管理を控え目にしていること。利用者は一時間三〇〇円をサービス提供者に払うルールだが、あくまでも当事者間のやりとりに任せ、会は事務所も持たない。

ほかにも市内のいくつかの地域で同じようなシステムが育っているという。素晴らしいことだ。隣近所の助け合い。お互いさま――日本社会の伝統的な美風が失われがちなところにさまざまな社会問題が起こっている。地域社会に「助っ人精神」が広がれば、二〇〇〇年代の展望は明るい。

外形標準課税

拝啓　石原東京都知事殿

見事な「ホームスチール」に一言祝福のメッセージをお送りします。敵も味方もアッと驚く外形標準課税導入の本塁盗塁。観衆はやんやの喝采。庶民人気の低い大手銀行だけを対象にしたあたりは、いかにも世論から政治を変えようとする石原流。さすがですね。「地方分権の時代」といわれますが、国は地方に財源を渡そうとしません。本塁盗塁は財布を渡さずに仕事だけを押しつけようとする「財源なき地方分権」への怒りの問題提起と受けとめました。

貴殿と地方政治について語り合ったのは、昨年の初夏、知事に就任されて間もないころでしたね。地方が仕事量に見合った自主財源を獲得できるようともに戦おうと誓い合ったことを覚えておりますが、その第一段が早々と来年度に実現するとは感服いたしました。

ところで、外形標準課税をめぐる論争の中で、宮沢蔵相が「国がなにもやっていないわけではない。東京都は地方交付税を受けていない不交付団体だが、地方特例交付金は二〇〇〇年度に一三〇〇億円余りを見込んでいる」と、外形標準課税(一一〇〇億円)を上回る面倒をみていると言いたげな発言をしていました。それが反論になっているかどうかは別にして、地方特例交付金に関しては私もいささかの貢献をしたと自負しています。

政府の特別減税についての疑問を新聞に投稿したのです。一昨年秋でした。「政府の減税でありながら、鎌倉市のような不交付団体はその財源をすべて市税で賄っている」と。これには自治省や大蔵省も困ったようです。地方特例交付金の制度ができたのは翌九九年度から。来年度は全国で九一〇〇億円、鎌倉市にも一六億円がくる予定です。

正論は必ず通る。大切なことは地方が果敢に知恵を出すこと。貴殿の投げた一石は、国と地方のねじ曲がった税財政制度を突き動かすさきがけになるでしょう。

「幸齢」社会

ひとり暮らしのお年寄りにとって、なんといっても楽しみは気心知れた友人・知人との団らんであろう。手づくりの昼食つきでそんな場を提供してきた深沢地区社会福祉協議会の「会食会」がこの三月に一五〇回を迎えた。

深沢行政センター三階ホール。この日の参加者は九三人。深沢地区に住むひとり暮らし高齢者の四三％が出席した。テーブルにはボランティア団体「山百合会」の女性たちが朝から用意した寿司ご飯のお弁当とハマグリの吸い物、デザートの草餅。「この日が待ち遠しくて。いつも朝から飲まず食わずで来るんです」。「それじゃ次回も張り切ってつくりますよ」。お年寄りとかっぽう着姿のボランティアとの会話が弾む。

一九八一年からはじまったというから二〇年になる。地区社協と山百合会がバザーで資金集めをしながら続けてきた。このところ参加者が急増しているという。

二階堂の竹田クリニック(竹田節医師)では毎週「スープの会」や「ラーメンの会」が開かれている。最近、鎌倉ケーブルテレビ(KCTV)で紹介されたので、その素晴らしい雰囲気は広く知られたが、これも地域の人による地域のお年寄りのための地域団らんのモデル例だ。

人生八〇年時代。日本人の平均寿命はだんだん延びて、世界一の長寿国になった。一方で出生率はだんだん低下、子どもの数は減り続けている。少子化、高齢化に加えて、子どもは親と別居という核家族化の傾向も止まりそうにない。

そんな社会に適応する高齢者福祉はどうあるべきか——新しい「鎌倉市高齢者保健福祉計画案」の策定にあたっていただいた大澤隆・東洋英和女学院大学教授は「血縁より地縁の時代」という。介護が必要な人、ひとり暮らしや虚弱な人、元気な人、すべての高齢者が「幸齢人生」を送る社会の根源は、暖かいお弁当や熱いスープに象徴される「地域の心」にある。

伝統の復権

「乗り心地はどうですか」

秘書課用に導入した二人乗りの電気自動車に乗っているとよく聞かれる。

「なかなかいいですよ。排気ガス、騒音はないし、小粒だから道路が細い鎌倉にはぴったりです」

職員の中には「市長はやはりもっと大型車に乗ってもらわないと困る」と反対論もあったが、私はこの車が気に入っている。

四時間の充電で走行距離は一一五キロ。燃費は一キロあたり一円。環境にやさしい車(エコカー)は性能的にも経済的にも実用化の域に達してきた。

「自動車の父」といわれたゴットリーブ・ダイムラーとカール・ベンツがそれぞれエンジ

ン付き自動車を開発したのが一八八六年。『20世紀全記録』(講談社刊)によると、一四年後の一九〇〇年に撮影したニューヨーク・タイムズスクエアの写真は馬車と鉄道馬車ばかりで自動車の姿はなく「悪魔の高価な乗り物」と呼ばれていたとの説明がついている。

それから一〇〇年。先進国では一人に一台、途上国を含めても八人に一台、七億台の自動車が地球上を走り回っている自動車時代。

自動車に象徴される二〇世紀の工業化文明は、われわれの生活を飛躍的に便利にした。その一方で、この文明が膨大なエネルギーを消費し、手に負えないほどの廃棄物を排出し、われわれ自身の生存基盤である地球の生態系を傷つけていたことに気づいた。それがこの世紀末の状況であろう。

ベストセラーになっている経済評論家内橋克人氏の近著『浪費なき成長——新しい経済の起点』(光文社刊)は節約と成長の共存を説いている。

大きな家に住み、大きな車に乗る贅沢が成功者の夢と見る「アメリカン・ドリーム」の価値観に終止符を打ち、日本の伝統である倹約の精神、自然と共生する生活、足るを知る経済社会への転換が求められている。そんな「二一世紀の夢」に向けてできることから実行に移そうではないか。

若い力

青年海外協力隊員として中国での二年間の活動を終えて帰国した長谷川敏さん(三〇歳)＝西鎌倉在住＝の土産話が面白かった。

彼の任地は広西壮族自治区来賓県小平陽鎮(鎮は日本の町に相当する行政区)。奇峰と山水美で有名な桂林の南二〇〇キロ、ベトナム国境まで三〇〇キロ。真上を北回帰線が通る。高温多湿。文化的には東南アジアの影響が強い地域で「水牛も黄牛もアヒルも豚もいるカルストの里」だそうだ。

仕事は施肥改良だが、彼は現地の人々と一緒に作業してきたという。けっして「農業指導」といった言葉を使わないところに、現地にとけ込み自らが学ぶ姿勢が現れている。「田んぼから上がってみると、蛭に食いつかれていた。それを見た近くのおじさんが、煙草の葉っぱをすりこんでくれた。たしかに血止めの効果があった。さすが生活の知恵である」

——彼は滞在中『小平陽快報』と題する新聞を発行し続けた。小平陽での体験、見聞を日本の友人たちに伝える日本語通信だが、毎回A４判の裏表に細かい活字でびっちり。内容は気候、虫、家畜、食べ物、水、酒、生活習慣、テレビ、電話、小旅行など多岐にわたる。洒脱な文章。微に入り細をうがった見事な最新中国事情リポートである。

家庭用浄化槽の話も興味深かった。家庭の糞尿と家畜の糞を溜め込むコンクリート製のタンクを住居脇の地中につくる。タンク内では嫌気性発酵によってメタンガスが発生、これを台所のコンロ燃料として活用する。発酵を終えた残りかすは自動的に堆肥タンクに送り込まれ、肥料として田畑に撒かれる。地球温暖化防止にも有効なシステムだ。

長谷川さんに限らず青年海外協力隊員の帰国報告は楽しい。現地の人々との心の交流を聞けるからだ。日本の外交はこういう若者たちの活動に支えられている。帰国後の就職をもっともっと優遇すべきだというのが、私の年来の持論である。

きくけこさ原則

追悼記事にはあまりなかったが、竹下登元首相は地球環境問題に熱心だった。「かつて環境は反権力だったが、いまや、政治の本流になった」「環境を語らずして政治家にあらず」といった演説をよく聞いた。

国会対策や建設行政が得意といわれてきた竹下氏が環境派として表舞台に登場するのは一九八九年六月の首相退任後のことだが、そのきっかけは首相在任中の前年、主要先進国首脳会議（トロントサミット）だった。出発に先立つ歴代首相への挨拶回りの中で、福田赳夫元首相から「これからは地球環境の時代」とアドバイスを受けた。

その通り、このサミットでは初めて地球環境問題が論議になった。出発前のにわか勉強のお陰で議論の焦点はよく理解できたという竹下氏はさっそく、「地球環境東京会議」を翌八九年九月に開催することを世界に呼びかけた。これが契機になって、地球サミット(一九九二年)に向けての地球環境賢人会議、地球サミット後も国内外の環境派議員たちと地球環境行動会議を組織して活動してきた。

そんな竹下氏が遺した有名な語録が「地球環境には初級、中級、上級がある」。

話は変わるが、今年四月に熊本県水俣市で開いた環境自治体会議で、私は人々の環境問題への取り組みには、次の五つの段階があるとの私見を披露した。問題点に『気づく』、自分はどういうことをすべきか『苦しむ』、これだけはやってみようと『決心する』、それを『行動する』、他人に一緒にやろうと『誘う』。頭文字をとって「きくけこさ原則」と名付けた。

会議は全国から約七〇の自治体関係者ら約一〇〇〇人が集まった。世界に類例のない産業公害を経験した水俣の「もやい直し」に学び、環境破壊の悲劇を繰り返さないため、人間同士、人間と自然の地球規模での「もやい直し」に挑戦する、との宣言を採択した。大切なことはいかに多くの人が『誘う』になるかだと思う。

結いの心

宮崎市からバスに揺られて小一時間、目指す綾町は初夏の緑輝く山々を背にした田園の中にあった。

「自治公民館運動の町」「有機農業の町」「一戸一品運動の町」――全国三千二百余の市町村の中で「元気度トップ」と評判の高いこの町は人口七七〇〇人。小粒ながら全国から年間一〇〇万人の観光客を引きつける。その魅力は生活・産業そのものが見学に値する「生活観光」「産業観光」の町を創り上げたことにある。

この春亡くなった前町長の郷田実さんが今日の礎を築いたことはよく知られている。一九六六年から六期二四年間、その苦労は並大抵ではなかった。町長就任直後に、営林署から難題を持ち込まれた。町内に所有する山の木を伐採し尽くした企業からの要請で、このはげ山と自然の照葉樹林が茂る国有林とを交換したいという話だった。

郷田さんは反対だった。当時は高度経済成長のまっただ中。町の八〇%は山林。林業作業の機械化で急速に就労の場を失い「夜逃げの町」といわれていた。町の将来は唯一の財産である木を活用した木工の町を目指す以外にない。そのシンボルともいうべき日本一の照葉樹林帯を失うわけにはいかないと考えたからだ。

営林署は「決まったことだから」と取り合ってくれない。町議会は「働く場ができる」

「自然を残してどうなる」と伐採に賛成だった。郷田さんは「〝黄金の鮎〟は奥山が天然の復層林だからこそ育つ」「アジア大陸から連なる照葉樹林帯は日本文化の原点」と訴え続け、町民の七割に上る反対署名が決め手になってようやく中止にこぎ着けた。

それから今日まで三〇年の歳月を要した。その間、郷田さんは山、川、田、祭り…いつも故郷の風景が目頭に浮かんだ戦地での体験を話し、故郷の偉大さを説いた。世界に誇る環境都市ができた原動力は、地域の人々が故郷で結ばれる「結いの心」だった。そんな著書を郷田さんは遺した。

「清潔病」

「未婚の母」の子育てをテーマにしたNHKの連続テレビ小説『私の青空』は、現代社会が抱えるさまざまな問題をユーモア混じりに取り上げていてなかなか面白い。例えば衛生観念。青森県北端の漁村に育った主人公は東京に出てパートの学校給食調理員になるが、その職場で出会ったベテラン栄養士の徹底した清潔性に大いに戸惑う。

こんな場面を見てカイチュウ先生、こと藤田紘一郎・東京医科歯科大教授を思い出した。『笑うカイチュウ』『恋する寄生虫』（以上、講談社刊）『清潔はビョーキだ』（朝日新聞社刊）など数々の著作を通じて、花粉症、アトピー性皮膚炎、病原性大腸菌O―157に象徴される現代の病理は、戦後日本の清潔性が災いしているというユニークな論者だ。

日本で集団感染のパニックを起こしたO—157が衛生状態の劣悪な発展途上国で見られないのはなぜか。昔からスギ花粉は飛んでいたのにどうして急に日本人の二〇%もが花粉症に苦しむことになったのか。こんな疑問に先生は寄生虫感染率の低下とともに、これら現代病が発生・増加してきたことを指摘している。

日本は戦後、清潔を重んじてきた。終戦直後にはダニ・シラミ退治にDDTを頭から浴びた。寄生虫退治に虫下しを飲んだ。それから半世紀、電車のつり革も触れたがらない若者が出るほどの清潔国になった。

ただ何事も行き過ぎには弊害がある。地球の歴史を一年に換算すると、細菌が現れたのは三月二〇日、人の誕生は一二月三一日午後七時半。人間は細菌の住みかである地球の自然の中から生まれた生物の一種である。人間だけが体内から細菌や寄生虫を排除してしまおうという発想自体に思い上がりがある。消毒剤や殺虫剤、抗生物質で平穏な共生生活を破壊された細菌は変質し、人の身体もダニや花粉に敏感に反応する体質になってしまった。これが先生の論旨だ。

木を見て森を見ない二〇世紀科学技術文明の弱点がここにも現われている。

法を超える

「鎌倉らしい大きな屋敷や緑の丘が、小さな宅地に分割されたり、マンションに変わってしまうのは、わが身を削られる思いです。ぜひ市長は、こういう計画を許可しないでください」

こんな要望をよくいただく。先日、市内で開かれた日仏景観会議でも話題になった。私も鎌倉らしい屋敷や緑がなくなっていくことは残念でならない。なんとか残したい思いは全く同じだ。

問題は後段の「許可しないで」という点。許可する、しないを決めるのは確かに市長だが、市長の裁量ではできない。法律がその要件を決めている。計画が法律にあっていれば許可しなければならない。市長がいくらいやだと思っても、法律違反の不許可は無効になってしまうから意味がない。

都市計画法や建築基準法など現行の法制度は、個々の敷地についてのルールを決めているが、地域や通り全体の景観や風致についてのルールはほとんどない。法の不備が不調和な市街を生む最大の要因だが、だからといって市は手をこまぬいているわけではない。

鎌倉らしさを守るために法の不備を補ってきたのが開発事業指導要綱などの行政指導。建築物の高さや敷地面積など全国的にも厳しい独自基準を設けて事業者に協力を求めている。さらに独自のまちづくり条例と都市景観条例を制定して、市民が自分たちの地域のルールを自分たちで定めることができる制度を設けた。

行政指導は、あくまで「お願い」であって法的な強制力はない。条例も法律より弱い。それでもなぜ有効なのかというと、その背後に市民の熱い願いがあるからだ。無視すれば、事業者の社会的責任が問われる。

日仏景観会議を開いたのは景観条例に基づいて自分たちの街のルールを決めた胡桃ヶ谷(浄明寺四丁目)の人たちだった。法の裏付けがなくても自ら定めたルールは強い。市民主導の地域づくりは法を超える。市はそれを応援する。そんな鎌倉方式をぜひ育てたい。

幻の田園都市

昭和恐慌が片岡直温蔵相の失言に端を発したことはよく知られている。昭和二(一九二七)年三月一四日の衆院予算委員会。「本日昼ごろ、渡辺銀行が破綻しました」の一言が取付け騒ぎに発展してしまった。

東京渡辺銀行は倒産し、渡辺財閥は崩壊。渡辺家一族はその後、責任者が商法違反に問われたり、世間から後ろ指をさされるなど不遇をかこった。そんなひとり渡辺秀さん(八四歳)=八王子市在住=が「今日はほんとうにうれしい。長生きしてよかった」といって鎌倉芸術館に姿を見せたことがある。今年九月のこと。

「幻の田園都市から松竹映画都市へ――大正・昭和の大船町の記憶から」と題する展示会と「大船田園都市を学ぶフォーラム」を市民団体と市中央図書館が開いた。なぜそこに渡辺さんが登場したかといえば、大船に田園都市を創ろうと情熱を注いだのが東京渡辺銀行であり、秀さんはできたての田園都市住宅に住んだことのある残り少ない生き証人でもあったからだ。

同銀行が、大船田園都市株式会社を設立して構想に着手したのは大正一一(一九二二)年。当時は一面田んぼと湿地帯であった大船駅東側の一〇万坪(三三ヘクタール)を近くの山(離山)の切り崩し土砂で埋め立て、欧米流の郊外型近代都市を建設する計画。東京・田園調布より一年早かった。駅東口の開設、碁盤目の街路造成、二次にわたる土地分譲。そして三〇戸余りの洋風建築が立ち上がったところで、あの蔵相失言だった。

フォーラムは田園都市の歴史を研究している藤谷陽悦・日大助教授の講演をもとに、当時を知る地元の人たちの思い出話に花が咲いた。大正一三年から終戦まで、小学生から軍隊時代までを大船に住んだ渡辺秀さんは「平成になってやれやれと思っていたら長期不況でまた昭和恐慌の話。オヤジは不遇だったが、いま皆さんに田園都市のことを振り返ってもらってさぞ喜んでいるだろう」と語った。

将来と過去

二〇〇〇年一二月。いよいよ二〇世紀最後の月になった。この一〇〇年間に世界はどう変わったのだろうか、代表的なデータ(いずれも概数)を拾ってみよう。

◇世界人口　一五億人↓六〇億人。最初の六〇年で二倍、その後の四〇年でさらに二倍、合計四倍になった。二〇世紀初頭の一五億人になるまでの倍増には一五〇年かかっているから、この世紀の人口増は加速度的といえる。

◇途上国人口　一〇億人↓四八億人。先進国は五億人↓一二億人。途上国での人口爆発が特徴的。

◇都市人口　二億人(一三%)↓二九億人(四八%)。農村から都市へ、都市爆発の時代でもあった。

◇自動車保有台数　実用車の生産開始↓七億台。

◇旅客航空輸送量　ゼロ↓三兆人・キロ/年。

◇テレビ受信機生産台数　ゼロ↓一・三億台/年。

◇エネルギー消費量　五億トン↓一〇〇億トン/年(石油換算)。

◇地球温暖化　温暖化ガスである二酸化炭素(CO_2)の大気中濃度は三〇〇ppm(一〇〇万分の二)↓三七〇ppm。地表面の平均気温は〇・三～〇・六度上昇。地球規模での海水面は一〇〜二五センチ上昇。

◇平均寿命　四四歳↓八一歳（世界一の長寿国・日本の場合）。

いま書店には、この世紀を回顧するもの、来るべき世紀を展望するものと、「世紀」のタイトルを付けた出版物がたくさん並んでいる。そんな類の書物を見ていて気づいたことがある。

あんがい一〇〇年単位のデータは少ないのだ。明確な統計資料が揃っているのはせいぜい過去五〇年ぐらい。将来推計も多くは二、三〇年にとどまっている。確かに、われわれの思考能力からすると、一〇〇年＝世紀という単位は、少々長すぎるのかもしれない。一〇〇年はともかく将来を展望するには、過去を振り返ることが大切だ。世紀の変わり目に巡り会う幸運をそんな機会にしたい。

【地球人のまちづくり】初出紙誌一覧

[愛郷無限篇] 市民主義の変革

小さな一歩こそが創造の力	1995.9.26	『世界』(岩波書店)
記者クラブなんかいらない	1996.6.1	『文藝春秋』(文藝春秋社)
(原題:記者クラブとのわが闘争)		
市民主義と鎌倉	1998.9	『竹内謙後援会報』(竹内謙後援会)
悲しかったこと	1995.11.6	『鎌倉朝日』(鎌倉朝日新聞社)
『木鶏たらん』と心に期して	1998.9	『竹内謙後援会報』(竹内謙後援会)

[自然共生篇] 文化と環境の復権

日本人のこころ—21世紀を環境の世紀に	1997.7	『竹内謙後援会報』(竹内謙後援会)
交流から生まれる新しい「開発」	1999.7.15	『国際文化研修』(全国市町村国際文化研修所)
あなたのまちと鎌倉の縁を教えて下さい	1999.4.1	『市政』(全国市長会)
「第三の開国」は市民社会の創造	1999.10.15	『地方自治職員研修』(公職研)
ミレニアムと世界遺産	2000.2	『竹内謙後援会報』(竹内謙後援会)

[日本再生篇] 環境自治体が拓く

「環境自治体」三つの視点	1994.6.2	『読売新聞』(読売新聞社)
環境自治体と政治改革	1994.10.1	『市政』(全国市長会)
いじめ、渚、そして阪神大震災	1995.3.31	『自治展望』(神奈川県市町村振興協会)
経済主義の挫折と環境主義	1996.5.5	『軍縮問題資料』(宇都宮軍縮研究室)
分権に逆行する財政しわ寄せ	1998.9.8	『朝日新聞』(朝日新聞社)
21世紀を君たちの手に	1999.3.1	『振興会報』(湘南地区高等学校定時制教育振興会)

[地球賛歌篇] 地球人のまちづくり

地球人雑記	1994.9.1 〜 2000.12.1	『広報かまくら』(鎌倉市役所)

あとがき

新聞記者時代の習いでしょう、市長になってからも原稿書きを敬遠したことはありません。新聞、雑誌、各種会報からの依頼原稿は積極的に引き受けることにしています。職員に代筆させるのは嫌いですので、仕事の合間のわずかな時間を見つけてパソコンに向き合っています。

そんな発表済み原稿がかなりの量になりました。まとめて出版してほしいという各方面からのお勧めをいただいてきましたが、生来の怠け癖、わずらわしい作業に手が着かないまま年月が過ぎるばかりでした。ようやく、ここに『地球人のまちづくり』として上梓できることになりましたのは、ひとえに海象社の山田一志社長の熱情によるものです。

本書は、鎌倉市長に就任した一九九三(平成五)年一一月から九九(平成一一)年一二月までの六年間に執筆した原稿から、主として短文、コラムを中心に収録しました。文章の加筆・修正はできるだけ避け発表時点のままとしています。

鎌倉は市民活動のたいへん盛んな都市です。私は市民の自主的な活動こそが市民社会を創造する原動力と考えていますので、原稿には市民活動のことをしばしば取り上げています。その意味で市民の皆さんとともにある本ともいえます。

市長になってからの私の原稿の第一読者は、市職員と妻阿也子です。とかく過激に走りがちな私の文章を冷静にチェックしてくれるのはありがたいことです。

ご協力いただいた皆さんに深く感謝申し上げます。

忙しさにまぎれてまだまだ書きたいことが山積しています。本書に対する読者の皆さまのご高評を賜わりながら、次の著作に取りかかろうと考えておりますので、よろしくご指導、ご鞭撻をお願いいたします。

二〇〇一年三月

竹内　謙

竹内市長の鎌倉市政・年表一覧

【1993(平成5)年】
10・24 「環境自治体の創造」を掲げて市長当選
11・1 市長就任、職員に「時代を見通す目を養う、市民の声に耳を傾ける、慣習・前例を疑う」の三点を訓辞

【1994(平成6)年】
1・1 職員提案箱を設置
1・24 市長選後の市議会12月定例会が閉会(五五日間)
3・11 観音山緑地を買収
4・1 新入札制度を導入
4・12 国際環境自治体協議会(ICLEI)に加盟
5・31 「禁煙デー」実施、市長禁煙宣言
9・6 パチンコ店出店を不許可
10・2 プレ地球環境東京会議「鎌倉子どもシンポジウム」を開催
11・16 シャトルトーク「市民と市長の談話室」を開設(月一回)
11・27 鎌倉野菜のブランドマーク創設
12・22 鎌倉市環境基本条例を制定

【1995(平成7)年】
1・14 「緑のレンジャー制度」を発足
1・20 阪神大震災被災者に対するホームステイ支援対策を発表
2・17 神奈川県開発審査会がパチンコ店の出店不許可を取り消す裁決
3・28 ICLEI主催世界自治体サミットで鎌倉市の環境政策を報告(ベルリン)
4・12 「鎌倉歴史大学」が発足
6・3 第一回鎌倉環境フェスティバルを開催
6・23 鎌倉市まちづくり条例を制定
7・7 書店からパチンコ店への用途変更を虚偽申請の理由で拒否
8・11 姉妹都市ニース市を通じてフランスに核実験中止を要請
8・31 世界女性議長会議一行が鎌倉訪問・日本画家小倉遊亀さんと懇談。中国の核実験に抗議し敦煌市との友好都市提携の仮調印を延期
9・14 鎌倉市都市景観条例を制定。二六年ぶりの名誉市民に日本画家・小倉遊亀さん(作家川端康成さんに次いで二人目)
10・16 大船駅からミニバス運行開始

10・17　パチンコ店出店を再度不許可
11・21　談合事件の下水道事業団への委託を中止、独自契約方式を採用
12・5　公共のトイレに鎌倉ブランド再生紙ペーパー

【1996(平成8)年】

1・22　岡本戸部緑地を買収
2・5　大船駅周辺地区まちづくり基本計画案を発表
3・28　環境基本計画を策定
3・29　緑の基本計画を策定。神奈川県開発審査会がパチンコ店の出店不許可を再度取り消す裁決
4・1　第三次総合計画スタート。記者クラブへの部屋提供を廃止し広報メディアセンターを開設
5・27　鎌倉地域交通計画研究会がロードプライシングなど新交通計画を提言
6・4　パチンコ店出店を三度不許可
6・21　パチンコ店規制条例を制定
6・24　フライブルク市と環境保全のための協力に関する共同宣言・職員交流を実施
7・9　七里ガ浜が「日本の渚百選」に
8・1　広町緑地の開発計画を不許可
8・27　阪神大震災への鎌倉市の支援記録『走りながら』発行
9・2　インターネット・ホームページを開設
9・13　名誉市民に漫画家横山隆一さん
9・26　ICLEI主催国際環境会議で鎌倉市の交通政策を報告(ハイデルベルク)
10・23　台峯緑地区画整理事業の土地立ち入り認可申請を不許可処分
11・1　ごみ半減都市宣言
11・23　七里ガ浜でパークアンドライドの交通実験を実施

【1997(平成9)年】

3・24　資源リサイクルセンター完成
4・1　ごみ半減化計画スタート
4・27　市議会議員選挙
6・24　緑の条例を制定
6・30　ニース地中海大学センターで「日本人のこころ」と題する講演
8・19　神奈川県開発審査会が広町緑地の不許可処分を取り消す裁決
8・28　県知事が台峯緑地の区画整理立ち入り不許可処分を取り消す裁決
10・16　常盤山緑地を買収
10・19　市長選挙・竹内市長再選
10・26　「鉄道の日・駅百選」に鎌倉高校前駅と北鎌倉駅

11・19　台峯緑地立ち入りを許可

【1998(平成10)年】

2・17　市長選後の市議会12月定例会が閉会(七七日間)

4・1　職員制服にペットボトル再生繊維使用。植木剪定材堆肥を市民に無料配布

5・1　庁内禁煙。鎌倉、大船両地区にNPOセンター開設

5・23　電車・バス・土産物店の提携による「環境手形」の交通実験(6・7まで)

9・22　名誉市民に外交評論家加瀬俊一さん、作家永井路子さん

9・28　中国・敦煌市と友好都市提携

9・30　書店からパチンコ店への用途変更保留問題で横浜地裁が市は違法の判決(その後、東京高裁で和解、建築から五年間留保)

12・7　「鎌倉を世界遺産に登録する市民運動」が世界遺産京都会議メンバーを招待

12・23　埋蔵文化財と景観問題で計画から一五年もめた御成小学校の校舎改築が完成

【1999(平成11)年】

2・26　浄明寺胡桃ヶ谷を景観形成地区に指定

3・1　JR鎌倉駅に福祉対応型エスカレーター設置

3・31　市議会が新年度予算案を否決

6・15　予算成立

7・21　山林の中を通る赤道(市道)を利用した「市民健康ロード・鎌倉自然と歴史のふれあいの道」計画を策定

10・25　市民健康ロード計画は民間事業者の開発阻止が狙いではないかと紛糾した市議会9月定例会が閉会(四八日間。一人の議員が三二日間連続質問の新記録)

10・26　松竹大船撮影所の閉鎖決定

【2000(平成12)年】

1・6　広町緑地を都市林公園として保存する方針を発表

2・19　ごみ焼却灰の全量溶融固化する方針を決定

3・24　建築等紛争予防条例を制定

4・3　市長公用車にミニ電気自動車導入

8・2　鎌倉市競輪事業審議会が早期撤退を答申

10・28　散乱ごみを清掃する「若宮大路さわやかサポーターズ」制度発足

12・28　第三次総合計画後期実施計画を発表

12・31　ベートーベン第九交響曲「歓喜」の市民合唱で迎二一世紀行事

地球人のまちづくり
わたしの市民政治論

KAIZOSHA

2001年 4月25日　初版発行

著者……竹内　謙

発行人……山田一志
発行所……株式会社海象社
郵便番号112-0012
東京都文京区大塚4-51-3-303
電話03-5977-8690　FAX03-5977-8691
http://www.kaizosha.co.jp
振替00170-1-90145

組版……[オルタ社会システム研究所]

装丁……鈴木一誌 + 鈴木朋子

イラスト……倉富敬子

スキャニング……西川　茂 [スタジオ・クロマ]

カバー印刷……凸版印刷株式会社

印刷……株式会社 フクイン

製本……田中製本印刷株式会社

Printed in Japan
ISBN4-907717-60-1 C0031

※この本は、本文には古紙100%の再生紙と大豆油インクを使い、
表紙カバーは環境に配慮したテクノフ加工としました。